Rüdiger Hansen · Raingard Knauer · Sabine Redecker

Elternpartizipation in Kindertageseinrichtungen

Bausteine für die Beteiligung von Müttern und Vätern

Rüdiger Hansen · Raingard Knauer · Sabine Redecker

Elternpartizipation in Kindertageseinrichtungen

Bausteine für die Beteiligung von Müttern und Vätern

herausgegeben vom

Deutschen Roten Kreuz

verlag das netz
Weimar

So können Sie Kontakt zu den Autor:innen aufnehmen:
Institut für Partizipation und Bildung e.V.
Damaschkeweg 86
24113 Kiel
Telefon: +49 431.65 80 502
E-Mail: mail@partizipation-und-bildung.de
www.partizipation-und-bildung.de

im Rahmen des Bundesprogramms

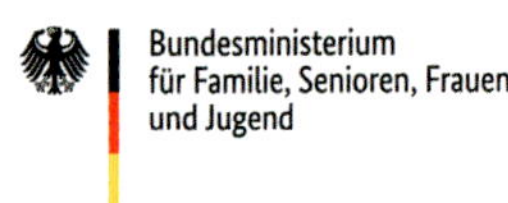

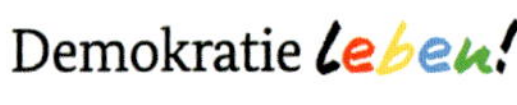

Die Veröffentlichung stellt keine Meinungsäußerung des BMFSFJ oder des BAFzA dar. Für inhaltliche Aussagen tragen die Autorinnen und Autoren die Verantwortung.

ISBN 978-3-86892-194-6

Lektorat: Nadja Abdelhamid
Gestaltung: Jens Klennert, Tania Miguez
Illustrationen: Tasche
Druck und Bindung: Druckhaus Gera GmbH
Printed in Germany

Weitere Informationen finden Sie unter www.verlagdasnetz.de

Inhalt

1 Einleitung

Partizipation von Kindern wird inzwischen in vielen Kindertageseinrichtungen praktiziert und positiv bewertet. Die Beteiligung von Eltern erleben pädagogische Fachkräfte hingegen oftmals als herausfordernd und betrachten sie entsprechend skeptisch.

Beispiele aus dem Kita-Alltag

Die Erzieherin begrüßt gerade drei Kinder, die von ihren Eltern in die Kita gebracht werden, während sie ein viertes Kind zu trösten versucht, dessen Vater sich für das Kind offenbar zu eilig verabschiedet hat. In dieser Situation möchte eine Mutter der Erzieherin unbedingt etwas mitteilen. Da diese ihr jedoch nicht die gewünschte Aufmerksamkeit entgegenbringt, verlässt sie die Kita unverrichteter Dinge und scheinbar verärgert.

Obwohl die Kita auf eine gesunde Ernährung der Kinder Wert legt, packen einige Eltern ihren Kindern immer wieder Schokoriegel in die Brottaschen.

Die Kinder haben in der Kita das Recht, selbst zu entscheiden, ob sie im Außengelände eine Jacke tragen oder nicht. Eine Mutter ermahnt ihr Kind morgens in der Garderobe nachdrücklich: »Wenn du heute raus gehst, ziehst du auf jeden Fall deine Jacke an.«

Eine Elternvertreterin aus der Krippengruppe teilt der Einrichtungsleitung mit, dass die Eltern nicht wollen, dass der neue Erzieher allein ihre Kinder wickelt.

Das Thema Elternpartizipation wird von pädagogischen Fachkräften ambivalent diskutiert. Während die einen betonen, dass eine gute pädagogische Arbeit ohne Beteiligung der Eltern kaum möglich ist, bezweifeln andere, dass diese überhaupt beteiligt werden wollen, oder wehren von sich aus die Forderung nach Elternbeteiligung ab. Letzteres kann vielfältige Gründe haben. Bereits die Berufsmotivation vieler pädagogischer Fachkräfte dürfte vor allem auf die Arbeit mit Kindern und weniger mit Erwachsenen zielen. Eine Rolle dürfte auch spielen, ob und wie die Zusammenarbeit mit und die Beteiligung von Eltern in den Ausbildungen und Studiengängen vorkommt (vgl. Betz 2015, S. 54). Im pädagogischen Alltag sind die Fachkräfte dann immer wieder gefordert, Eltern ihre Erziehungsgrundsätze zu verdeutlichen und dennoch die Vielfalt der Erziehungsvorstellungen von Müttern und Vätern zu respektieren – was mit beachtlichen Anstrengungen verbunden sein kann.

Doch für solche mittelbare pädagogische Arbeit mangelt es ihnen in der Regel an angemessenen zeitlichen Ressourcen (vgl. Viernickel/Fuchs-Rechlin 2016, S. 54 ff.). So empfinden viele pädagogische Fachkräfte eine Beteiligung von Eltern zunächst als eine zusätzliche Aufgabe, die ihre ohnehin schon hohe Belastung im Arbeitsalltag weiter erhöht und Eltern womöglich dazu veranlassen könnte, (noch) fordernder aufzutreten. Gleichzeitig wissen sie jedoch um die Bedeutung von Müttern und Vätern für das Aufwachsen ihrer Kinder. Sie nehmen sehr wohl wahr, wie die familialen Umfelder für die Bildungsprozesse von Kindern einen förderlichen oder auch einen erschwerenden Hintergrund darstellen können. Und sie wissen, dass daher eine gute Zusammenarbeit mit Eltern und gegebenenfalls auch eine spezifische Unterstützung von Eltern notwendig ist, damit es den Kindern – auch in der Kita – gut geht.

Doch es gibt kaum ausgearbeitete Konzepte für die Beteiligung von Eltern, die den Fachkräften Orientierung bieten, wie sie Elternpartizipation in der Kita unter den jeweils gegebenen Bedingungen gestalten können. Mit dieser Veröffentlichung legen wir Konzeptbausteine vor, die pädagogische Fachkräfte nutzen können, um die Partizipation von Eltern einrichtungsspezifisch (weiter) zu entwickeln. Solch eine Konzeptentwicklung wird die Fachkräfte Mühe und Zeit kosten. Wir haben jedoch die Hoffnung, dass es sich dabei um eine lohnende Investition handelt, die sich in einer strukturierten, konstruktiven und inspirierenden Zusammenarbeit mit Eltern auszahlen wird und die Zusammenarbeit schließlich auch erleichtert.

1.1 Zur Zielgruppe des Konzepts für Elternpartizipation

Das vorliegende Konzept fokussiert auf Elternpartizipation in Kindertageseinrichtungen. Doch die hier vorgestellten Bausteine können auch auf Familienzentren und die Kindertagespflege sowie auf Grundschulen übertragen werden, wenn man die unterschiedlichen Rahmungen der Zusammenarbeit mit Eltern berücksichtigt.

Hinweise zu Elternpartizipation in anderen Arbeitsfeldern

Familienzentren: Die Grenze zwischen Kitas, die intensiv mit Eltern zusammenarbeiten, und Familienzentren sind fließend. Der Begriff Familienzentrum bezeichnet eine große Vielfalt an Einrichtungen und Angeboten, die Kinder und Familien unterstützen wollen (vgl. Deutscher Verein für öffentliche und Private Fürsorge 2020). Auch wenn es länderspezifische Besonderheiten von Familienzentren gibt, haben alle ein gemeinsames Ziel: Orte für die ganze Familie zu sein und Eltern in ihrer Erziehungsfähigkeit zu unterstützen. Mütter und Väter und andere Erziehungsbeteiligte werden in Familienzentren damit zu einer eigenen Zielgruppe. Dadurch verstärkt sich auch die Notwendigkeit, Eltern zu beteiligen.

Kindertagespflege: Auch Kindertagespflege ist unterschiedlich konzipiert. Während Kindertagespflegepersonen häufig nur wenige Kinder im eigenen Haushalt betreuen, gibt es auch Verbundlösungen, in denen mehrere Kindertagespflegepersonen Kinder in angemieteten Räumen betreuen. Und doch ist es ein Kennzeichen der Kindertagespflege, dass sie vor allem mit jungen Kindern in kleinen Gruppen und in einem eher privaten Rahmen stattfindet. Diese Rahmenbedingungen sind eine Herausforderung sowohl für die Partizipation von Kindern als auch von Eltern. Dabei geht es vor allem um die Frage, wie in diesem eher informellen Rahmen Beteiligung von Kindern und Eltern als Recht verlässlich gewährt werden kann.

Grundschulen: Während Kindertageseinrichtungen, Kindertagespflege und Familienzentren Teil der Kinder- und Jugendhilfe sind, deren Arbeit in einem Bundesgesetz (SGB VIII) rechtlich geregelt ist, sind Grundschulen Teil des formalen Bildungssystems, deren Arbeit durch jeweils eigene Schulgesetze der Länder gerahmt ist. Informationen über die länderspezifischen Regelungen zur Zusammenarbeit von Eltern und Schule einschließlich der Elternrechte und -mitwirkung hat die Kultusministerkonferenz zusammengetragen (vgl. Kultusministerkonferenz 2003 i.d.F. von 2022). Bei der konkreten Umsetzung von Elternpartizipation können viele Elemente des vorliegenden Konzepts auch an Grundschulen angewendet werden.

1.2 Zum Begriff Eltern

Der Begriff Eltern ist vieldeutiger, als es zunächst scheinen mag. Der Gesetzgeber spricht von Eltern als Personensorgeberechtigten oder Erziehungsberechtigten[1]. Diese haben unter anderem das Recht zu entscheiden, in welche Kita das Kind geht, wer es bringen und abholen und mit wem die Kita über das Kind sprechen darf. Die gesetzlichen Eltern sind jedoch keineswegs immer die biologischen Eltern (siehe Kapitel 2). Und auch längst nicht alle sozialen Eltern, die sich langfristig im Alltag um die Kinder sorgen und kümmern, sind vor dem Gesetz deren Eltern (vgl. Jurczyk 2017). Zudem sind oftmals noch weitere Personen wichtige Bezugspunkte für das Kind: eine Tante, ein Großvater oder auch eine Nachbarin. All diese Menschen, die für die Erziehung und das Aufwachsen eines Kindes bedeutsam sind, werden nicht einmal von dem Begriff Familie – als ein auf Verwandtschaft beruhendes Netzwerk verlässlicher persönlicher Fürsorgebeziehungen – erfasst (zur Vielfalt von Familien siehe Kapitel 6).

1 Personensorgeberechtigte:r ist nach § 7 SGB VIII, »wem allein oder gemeinsam mit einer anderen Person nach den Vorschriften des Bürgerlichen Gesetzbuchs die Personensorge zusteht«. Erziehungsberechtigte:r ist »der Personensorgeberechtigte und jede sonstige Person über 18 Jahre, soweit sie auf Grund einer Vereinbarung mit dem Personensorgeberechtigten nicht nur vorübergehend und nicht nur für einzelne Verrichtungen Aufgaben der Personensorge wahrnimmt«.

Als Erziehungsbeteiligte können und müssen sie allerdings gegebenenfalls auch in der Kita Berücksichtigung finden. Deshalb brauchen die pädagogischen Fachkräfte Kenntnisse, an welchen Angelegenheiten sie nur die gesetzlichen Eltern beteiligen dürfen.

In diesem Beitrag nutzen wir die Begriffe Eltern, Mütter und Väter sowie Erziehungsbeteiligte für die Menschen, die im familiären Umfeld an der Erziehung und Betreuung der Kinder mitwirken. Von Personensorgeberechtigten oder Erziehungsberechtigten sprechen wir, wenn gesetzliche Rahmungen angesprochen sind.

1.3 Worauf das Konzept für Elternpartizipation aufbaut

Das hier vorgestellte Konzept für Elternpartizipation greift auf unsere langjährig entwickelten Konzepte zur demokratischen Partizipation von Kindern in der Kita zurück. Im Rahmen des schleswig- holsteinischen Modellprojekts »Die Kinderstube der Demokratie« haben wir 2001 erstmalig ein Konzept entwickelt, wie pädagogische Fachkräfte Kinder in der Kita demokratisch beteiligen können (Hansen/Knauer/Sturzenhecker 2011). Dieses wurde seit 2011 im Projekt »Mitentscheiden und Mithandeln in der Kita« (Hansen/Knauer 2015) vor allem in Bezug auf das Mithandeln erweitert.

Die Konzepte »Die Kinderstube der Demokratie« und »Mitentscheiden und Mithandeln in der Kita«

Beide Konzepte verstehen Partizipation als ein Recht von Kindern im Kita-Alltag. Sie beinhalten folgende Bausteine:

Die strukturelle Verankerung von Partizipation: Zu einem (einklagbaren) Recht wird Partizipation von Kindern nur, wenn ihnen Selbst- und Mitentscheidungsrechte grundsätzlich zustehen und nicht vom Wohlwollen der jeweiligen pädagogischen Fachkräfte abhängen. Daher darf sich Partizipation nicht nur auf der Beziehungsebene zwischen Erwachsenen und Kindern vollziehen, sondern muss in den Strukturen der Kita so verankert sein, dass die Kinder ihre Beteiligungsrechte auch personenunabhängig wahrnehmen können. Das erfordert zunächst eine differenzierte Klärung der konkreten Rechte der Kinder in für sie bedeutsamen Themenbereichen. Diese reichen von Mahlzeiten, Schlafen, Kleidung, Körperhygiene über Raumgestaltung, Angebote und Projekte bis hin zu konzeptionellen Fragen und Personal- und Finanzentscheidungen. Bei all diesen Themenbereichen gilt es zu klären: Worüber dürfen Kinder allein entscheiden? Worüber dürfen sie mitentscheiden? Wobei haben sie ein Anhörungsrecht? Und worüber werden sie lediglich informiert?

Während Selbstentscheidungsrechte in der Autonomie des Kindes liegen, brauchen Mitentscheidungsrechte Orte, an denen Kinder und Erwachsene diese Themen besprechen, sich Meinungen bilden und schließlich entscheiden können. Daher muss eine strukturelle Verankerung von Partizipation auch demokratische Gremien auf verschiedenen Ebenen beinhalten.

Didaktisch-methodische Elemente von Partizipation: Die strukturelle Verankerung ist eine notwendige, jedoch keine hinreichende Bedingung demokratischer Partizipation. Damit Kinder ihre Rechte wahrnehmen können, sind sie darauf angewiesen, dass pädagogische Fachkräfte sie dabei pädagogisch begleiten. Dazu müssen Fachkräfte Dialoge mit Kindern führen können (das beinhaltet aktiv zuzuhören, offene Fragen zu stellen, abstrakte Inhalte zu konkretisieren und zu visualisieren und Gespräche zu moderieren). Sie müssen Kinder darin unterstützen, sich eine Meinung zu bilden und demokratische Entscheidungsverfahren kennen und durchführen können.

Fortbildungsverfahren: Da auch in einer demokratischen Kita die Macht letztlich immer bei den Erwachsenen liegt, die diese nicht abgeben, sondern lediglich demokratisch eingrenzen können, umfassen die Konzepte auch verschiedene Fortbildungsverfahren, die jeweils als Teamfortbildungen gestaltet sind:

- die exemplarische Planung und Durchführung eines realen Beteiligungsprojekts (vgl. Hansen/Knauer 2015, S. 106 ff.) einschließlich einer Dialogwerkstatt (vgl. Hansen/Knauer/Sturzenhecker 2011, S. 249 ff.),
- die Erarbeitung einer Kita-Verfassung (vgl. Hansen/Knauer 2015, S. 126 ff.),
- die Erarbeitung von Beschwerdeverfahren für Kinder (Hansen/Knauer 2016).

Das sehr kleinschrittige und am konkreten pädagogischen Alltagshandeln orientierte Vorgehen in diesen Verfahren unterstützt die Fachkräfte darin, sich nach und nach Partizipationskompetenzen anzueignen. Dabei folgen die Fortbildungen einer partizipativen Didaktik, die Fachkräfte-Teams ermöglicht, alle inhaltlichen Entscheidungen in demokratischen Prozessen selbst zu treffen.

In einem weiteren Forschungsprojekt sind wir der Frage nachgegangen, was pädagogische Fachkräfte konkret tun (sollten), um Kinder im Kita-Alltag zu beteiligen (Hansen/Knauer/Redecker 2022).

Aspekte demokratischen Alltagshandelns in der Kita

In der Studie wurden insgesamt neun Aspekte demokratischen Handelns identifiziert, mit denen die pädagogischen Fachkräfte demokratische Partizipation umsetzen[2]:

- Sie führen demokratische Strukturen ein (klären Selbst- und Mitbestimmungsrechte und entwickeln Beteiligungsgremien).
- Sie gestalten demokratische Verfahren.
- Sie machen Themen zu Partizipationsthemen.
- Sie ermöglichen selbstbestimmtes Handeln der Kinder im Alltag.
- Sie stellen Transparenz über Strukturen, Verfahren, Inhalte und Handlungsoptionen her.
- Sie gestalten Interaktionen respektvoll.
- Sie agieren demokratisch im Spannungsfeld zwischen dem einzelnen Kind und der Kita-Gemeinschaft.
- Sie berücksichtigen emotionale Aspekte von Demokratie.
- Sie sprechen mit den Kindern über Demokratie.

Neben einer differenzierten Beschreibung dieser Handlungsaspekte werden auch Herausforderungen deutlich, die mit diesen Handlungsaspekten für die pädagogischen Fachkräfte jeweils verbunden sind.

Sowohl die Konzepte der demokratischen Partizipation als auch die in der Studie identifizierten Aspekte demokratischen Handelns haben wir in diesem Beitrag daraufhin überprüft, ob und wie sie für die Entwicklung von Konzepten für Elternpartizipation genutzt werden können. Insofern ergänzen sich die Konzepte für die Beteiligung von Kindern und die hier vorgestellten Bausteine für Elternpartizipation. Sie können jedoch zunächst auch unabhängig voneinander implementiert werden.

1.4 Zum Aufbau des Konzepts für Elternpartizipation

Demokratische Partizipation lässt sich in Kindertageseinrichtungen allerdings nicht allein für Kinder realisieren. Ihre Beteiligung verlangt immer auch die Beteiligung ihrer Eltern sowie der pädagogischen Fachkräfte selbst. Die Entwicklung einer Kita zu einem demo-

2 Die Studie wurde in erstzertifizierten Kindertageseinrichtungen der Arbeiterwohlfahrt Schleswig-Holstein e.V. durchgeführt, also in Einrichtungen, die schon länger Erfahrungen mit demokratischer Partizipation nach dem Konzept »Die Kinderstube der Demokratie« hatten.

kratischen Ort ist ein umfassender Organisationsentwicklungsprozess, den letztlich der Einrichtungsträger zu verantworten hat. Er ist auch gesetzlich verpflichtet, Elternpartizipation in seinen Kitas zu gestalten. Um Eltern (und Kinder) vor Ort angemessen beteiligen zu können, braucht ein Kita-Team die Unterstützung des Trägers. Dabei geht es nicht nur um zeitliche Ressourcen und fachliche Begleitung, sondern auch um eine inhaltliche Rahmung (zum Beispiel durch eine Rahmenkonzeption).

Ein Konzept für Elternpartizipation sollte die Ambivalenz pädagogischer Fachkräfte diesem Thema gegenüber berücksichtigen. Es darf auch nicht verschweigen, in welche Spannungsfelder die Fachkräfte bei der Beteiligung von Eltern an wesentlichen Angelegenheiten der Kita – auch vor dem Hintergrund der Vielfalt von Familien – geraten können. Vor diesem Hintergrund zeigt das vorliegende Konzept die große Bandbreite möglicher Themen für Elternpartizipation auf und beschreibt, wie die Partizipationsrechte von Eltern in der Kita geklärt und als Basis für Elternpartizipation verlässlich verankert werden können. Zudem gibt das Konzept Anregungen, wie Elternpartizipation didaktisch-methodisch so gestaltet werden kann, dass möglichst alle Mütter und Väter sich auch real beteiligen können.

Die folgende Liste gibt einen Überblick über die Fragestellungen, mit denen das Konzept pädagogische Fachkräfte konfrontiert, um Elternpartizipation in ihrer Einrichtung zu entwickeln und umzusetzen.

Fragestellungen zur Entwicklung von Konzepten für Elternpartizipation

- Was sagen die Gesetze zur Beteiligung von Eltern in Kitas? (Kapitel 2)
- Um welche konkreten Themen kann es bei der Beteiligung von Eltern in der Kita gehen? (Kapitel 3)
- Welche Konfliktlinien könnte es bezüglich der Machtverteilung zwischen Fachkräften und Eltern geben? (Kapitel 4)
- Wie können Beteiligungsrechte von Eltern in der Kita strukturell verankert werden? (Kapitel 5)
- Welche Bedeutung hat die Vielfalt von Familien für die Gestaltung von Elternpartizipation? (Kapitel 6)
- Wie kann Elternpartizipation von den pädagogischen Fachkräften didaktisch-methodisch gestaltet werden? (Kapitel 7)
- Welche Unterstützung benötigen pädagogische Fachkräfte, um Eltern zu beteiligen? (Kapitel 8)

2 Rechtliche Grundlagen für die Beteiligung von Eltern in Kitas

Jede menschliche Gesellschaft muss sich der »Entwicklungstatsache« (Bernfeld) stellen, dass ihr Nachwuchs lange Jahre auf Schutz, Fürsorge und Förderung durch die Älteren angewiesen ist, um zu eigenständigen Mitgliedern dieser Gesellschaft heranwachsen zu können. Wie dieser Aufgabe in Deutschland nachgegangen werden soll, ist gesetzlich gerahmt und unterliegt den Anforderungen einer demokratischen Ordnung, die auch Kinder (wie alle Menschen) als Subjekte versteht, die das Recht haben, über die eigenen Belange selbst und über gemeinsame Belange mitzubestimmen.

2.1 Regelungen auf Bundesebene

Das Grundgesetz überträgt die Aufgabe, die Kinder aufzuziehen, zunächst deren Eltern[3].

Grundgesetz für die Bundesrepublik Deutschland (GG)
Art 6

(2) Pflege und Erziehung der Kinder sind das natürliche Recht der Eltern und die zuvörderst ihnen obliegende Pflicht. Über ihre Betätigung wacht die staatliche Gemeinschaft.

Die eigenen Kinder zu pflegen und erziehen, ist ein Grundrecht, aber auch eine Pflicht von Eltern, die mit spezifischen Auflagen verbunden ist. Diese werden im Bürgerlichen Gesetzbuch konkretisiert.

Bürgerliches Gesetzbuch (BGB)
§ 1626 Elterliche Sorge, Grundsätze

(1) Die Eltern haben die Pflicht und das Recht, für das minderjährige Kind zu sorgen (elterliche Sorge). Die elterliche Sorge umfasst die Sorge für die Person des Kindes (Personensorge) und das Vermögen des Kindes (Vermögenssorge).

(2) Bei der Pflege und Erziehung berücksichtigen die Eltern die wachsende Fähigkeit und das wachsende Bedürfnis des Kindes zu selbständigem verantwortungsbewusstem Handeln. Sie besprechen mit dem Kind, soweit es nach dessen Entwicklungsstand angezeigt ist, Fragen der elterlichen Sorge und streben Einvernehmen an.

§ 1627 Ausübung der elterlichen Sorge

Die Eltern haben die elterliche Sorge in eigener Verantwortung und in gegenseitigem Einvernehmen zum Wohl des Kindes auszuüben. Bei Meinungsverschiedenheiten müssen sie versuchen, sich zu einigen.

---

3 Gesetzliche Mutter ist nach § 1591 BGB stets die Frau, die das Kind geboren hat. Gesetzlicher Vater ist nach § 1592 BGB der Mann, der zum Zeitpunkt der Geburt mit der Mutter verheiratet ist oder die Vaterschaft anerkannt hat oder dessen Vaterschaft gerichtlich festgestellt wurde. Elternschaft kann auch durch Adoption begründet werden.

§ 1631 Inhalt der Personensorge

(1) Die Personensorge umfasst insbesondere die Pflicht und das Recht, das Kind zu pflegen, zu erziehen, zu beaufsichtigen und seinen Aufenthalt zu bestimmen.

(2) Kinder haben ein Recht auf gewaltfreie Erziehung. Körperliche Bestrafungen, seelische Verletzungen und andere entwürdigende Maßnahmen sind unzulässig.

[...]

Die Erziehungsberechtigung von Eltern ist also daran gekoppelt, dass sie zum Wohl des Kindes gewaltfrei erziehen und das Grundrecht von Kindern, über die eigenen Belange selbst oder mitzubestimmen, beachten, indem sie in Fragen der elterlichen Sorge Einvernehmen mit dem Kind anstreben. § 1626 (2) BGB folgt demokratischen Prinzipien, indem er von Eltern verlangt, ihre Kinder trotz der generationalen Unterschiedlichkeit (die in Bezug auf den Entwicklungsstand des Kindes angedeutet wird) als berechtigte und befähigte Partner:innen anzunehmen, mit denen sie die Ausgestaltung der elterlichen Sorge aushandeln können und sollen.

Die staatliche Gemeinschaft wacht jedoch nicht nur darüber, dass die elterliche Sorge das Wohl und die Rechte des Kindes im Blick hat. Die öffentliche Verantwortung für das Aufwachsen von Kindern, wie sie im 11. Kinder- und Jugendbericht der Bundesregierung dargelegt wird (vgl. Bundesministerium für Familie, Senioren, Frauen und Jugend 2002), zeigt sich auch darin, dass die Erziehungsarbeit von Eltern durch entsprechende Maßnahmen unterstützt wird, unter anderem durch das inzwischen nahezu flächendeckende Angebot von Kindertageseinrichtungen. Der Auftrag von Kindertageseinrichtungen ist im 8. Buch des Sozialgesetzbuches, dem Kinder- und Jugendhilfegesetz, geregelt.

Sozialgesetzbuch Achtes Buch – Kinder- und Jugendhilfe (SGB VIII)

Dritter Abschnitt: Förderung von Kindern in Tageseinrichtungen und in Kindertagespflege

§ 22 Grundsätze der Förderung

(1) Tageseinrichtungen sind Einrichtungen, in denen sich Kinder für einen Teil des Tages oder ganztägig aufhalten und in Gruppen gefördert werden. [...]

(2) Tageseinrichtungen für Kinder [...] sollen

1. *die Entwicklung des Kindes zu einer selbstbestimmten, eigenverantwortlichen und gemeinschaftsfähigen Persönlichkeit fördern,*
2. *die Erziehung und Bildung in der Familie unterstützen und ergänzen,*
3. *den Eltern dabei helfen, Erwerbstätigkeit, Kindererziehung und familiäre Pflege besser miteinander vereinbaren zu können.*

Hierzu sollen sie die Erziehungsberechtigten einbeziehen [...]

(3) Der Förderungsauftrag umfasst Erziehung, Bildung und Betreuung des Kindes und bezieht sich auf die soziale, emotionale, körperliche und geistige Entwicklung des Kindes. Er schließt die Vermittlung orientierender Werte und Regeln ein. Die Förderung soll sich am Alter und Entwicklungsstand, den sprachlichen und sonstigen Fähigkeiten, der Lebenssituation sowie den Interessen und Bedürfnissen des einzelnen Kindes orientieren und seine ethnische Herkunft berücksichtigen.

[...]

Kindertageseinrichtungen sollen also nicht nur zur besseren Vereinbarkeit der Erwerbs- und Erziehungstätigkeit von Eltern beitragen (insbesondere indem sie ein verlässliches Betreuungsangebot vorhalten, das den zeitlichen Bedarfen der Eltern entspricht); sie haben auch einen eigenen, gesellschaftlich definierten Erziehungs- und Bildungsauftrag. Dazu gehört seit dem Inkrafttreten des SGB VIII zu Beginn der 1990er Jahre, dass sie Kinder beteiligen und Partizipation als Struktur- und Handlungsmaxime der Kinder- und Jugendhilfe umsetzen (vgl. 8. Jugendbericht, Bundesministerium für Frauen und Jugend 1990).

Sozialgesetzbuch Achtes Buch – Kinder- und Jugendhilfe (SGB VIII)
§ 8 Beteiligung von Kindern und Jugendlichen

(1) Kinder und Jugendliche sind entsprechend ihrem Entwicklungsstand an allen sie betreffenden Entscheidungen der öffentlichen Jugendhilfe zu beteiligen. [...]

(4) Beteiligung und Beratung von Kindern und Jugendlichen nach diesem Buch erfolgen in einer für sie verständlichen, nachvollziehbaren und wahrnehmbaren Form.

Der gesetzlich definierte Erziehungs- und Bildungsauftrag von Kindertageseinrichtungen kann allerdings erst dann wirksam werden, wenn die Erziehungsberechtigten einen Teil der Personensorge im Betreuungsvertrag dem Einrichtungsträger beziehungsweise dessen Mitarbeiter:innen übertragen (vgl. Textor 2020, S. 111). Ist das Kind dann in der Kita, sind die Fachkräfte zwar ihrem gesetzlichen Erziehungsauftrag verpflichtet, müssen die Eltern bei dessen Umsetzung aber »einbeziehen«. Das kann so gelesen werden, dass die Kita und ihr Träger zunächst das Recht haben, die Ausgestaltung ihrer pädagogischen Arbeit zu bestimmen, gleichzeitig aber verpflichtet sind, Beteiligungsmöglichkeiten für die Eltern an dieser Ausgestaltung zu entwickeln.

In § 22a (2) SGB VIII wird das grundsätzliche Recht der Erziehungsberechtigten auf Beteiligung in der Kita explizit benannt.

Sozialgesetzbuch Achtes Buch – Kinder- und Jugendhilfe (SGB VIII)
§ 22a Förderung in Tageseinrichtungen

(2) Die Träger der öffentlichen Jugendhilfe sollen sicherstellen, dass die Fachkräfte in ihren Einrichtungen zusammenarbeiten

1. mit den Erziehungsberechtigten und Kindertagespflegepersonen zum Wohl der Kinder und zur Sicherung der Kontinuität des Erziehungsprozesses,

[...]

Die Erziehungsberechtigten sind an den Entscheidungen in wesentlichen Angelegenheiten der Erziehung, Bildung und Betreuung zu beteiligen.

(3) Das Angebot soll sich pädagogisch und organisatorisch an den Bedürfnissen der Kinder und ihrer Familien orientieren. [...]

In Kindertageseinrichtungen haben also sowohl Kinder als auch Eltern ein Recht auf Beteiligung. Doch Elternpartizipation muss unter anderen Bedingungen gestaltet werden als Kinderbeteiligung. Anders als die Kinder sind deren Erziehungsberechtigte nämlich keine Adressat:innen der unmittelbaren, sondern nur der mittelbaren pädagogischen Arbeit (vgl. Viernickel/ Fuchs-Rechlin 2016). Partizipation von Kindern bezieht sich auf Entscheidungen, die die Gestaltung ihres gemeinsamen Alltags mit den Fachkräften in der Kita betreffen. Eltern sind in diesen Alltag in der Regel aber kaum eingebunden (siehe Kapitel 4). Dennoch haben sie vielfältige Interessen, die sich aus ihren Erziehungsvorstellungen und Lebensbedingungen ergeben (siehe Kapitel 6) und pädagogische und organisatorische Entscheidungen der Kita betreffen. Die Formulierungen in § 22a SGB VIII verweisen darauf, dass die Beteiligung der Erziehungsberechtigten in der Kita einerseits Fragen der Entwicklung und Bildung ihres Kindes betrifft, darüber hinaus aber auch pädagogische und organisatorische Fragen bezüglich des Erziehungs-, Bildungs- und Betreuungsangebots der Kita insgesamt (siehe Kapitel 3).

2.2 Regelungen zur Beteiligung von Eltern in den Kindertagesstättengesetzen der Länder

Formen, Inhalte und Ausmaß der Beteiligung von Eltern in Kitas (sowie auch auf Kreis- und Landesebene) werden auf sehr unterschiedliche Weise in den Kindertagesstättengesetzen der Länder konkretisiert. Andreas Eylert beschrieb bereits 2012 (S. 191 f.), dass die in den Ausführungsgesetzen des SGB VIII verankerten Beteiligungsrechte der Eltern sehr unterschiedlich ausdifferenzierte Regelungsgrade von sehr offen gehalten bis stark vorstrukturiert ausweisen würden. Das hat sich bis 2022 nicht grundlegend geändert (vgl. auch Pimmer-Jüsten 2018), sodass Träger, Kitas und Eltern sich stets der spezifischen Bedingungen ihres Bundeslandes vergewissern müssen. Zusammenfassend lässt sich zum Zeitpunkt der Veröffentlichung des vorliegenden Konzepts für Elternpartizipation Folgendes festhalten.

Beteiligungsgremien: Die meisten Kindertagesstättengesetze unterscheiden im Sinne des SGB VIII die Zusammenarbeit mit den Eltern bezüglich der individuellen Entwicklung ihres Kindes und die Beteiligung der Elternschaft in institutionalisierten Formen. Letztere folgen im Prinzip einer übereinstimmenden Struktur, auch wenn nicht alle der hier erwähnten Gremien in allen Landesgesetzen (mit diesen Begriffen) benannt werden:

- Die Eltern der in der Einrichtung betreuten Kinder kommen auf Gruppen- und/oder Einrichtungsebene zu Elternversammlungen zusammen und wählen dort Elternvertreter:innen oder -sprecher:innen, die sie in repräsentativen Gremien vertreten.
- Die repräsentativen Gremien haben die Formen von »Nur-Eltern-Gremien« (Pimmer-Jüsten 2018, S. 117), denen nur die jeweiligen Elternvertreter:innen angehören (z.B. Elternbeirat, -ausschuss oder -vertretung), und/oder »Auch-Eltern-Gremien« (ebd.), an denen neben den Elternvertreter:innen auch Vertreter:innen des Trägers, der Einrichtungsleitung, der Beschäftigten der Kita und/oder der Standortgemeinde teilnehmen (z.B. Kita-Ausschuss, Kuratorium oder Rat der Kindertageseinrichtung). In einigen Bundesländern haben zudem die Kinder das Recht, eine in der Einrichtung tätige Person zur Vertrauensperson zu

bestimmen, die im Elternbeirat beratend mitwirkt. Sind die Strukturen im Gesetz weniger differenziert dargestellt, werden zum Teil Ministerien, Gemeinden oder auch Träger damit beauftragt, Näheres zu regeln.

Aufgaben der Kitas bezüglich der Elterngremien: Die Gesetze weisen den Leitungen und Fachkräften der Kita in unterschiedlicher Weise die Aufgabe zu, über die Gremien zu informieren und sie zu unterstützen, beispielsweise sie einzuberufen, die Wahlen zu organisieren oder die Elternvertreter:innen für Elternbeiräte auf Kreis- und Landesebene zu melden.

Aufgaben der Elterngremien: Den Gremien werden unterschiedliche Aufgaben zugewiesen. Sie sollen beispielsweise Kontakt zum Elternhaus herstellen und die Erziehungsarbeit der Kita oder die Zusammenarbeit mit der Grundschule unterstützen; sie haben die Aufgabe, die Einrichtungsleitung oder den Träger zu beraten; oder sie sollen die Interessen der Kinder und ihrer Sorgeberechtigten gegenüber der Leitung oder dem Träger vertreten.

Ausmaß der Beteiligung: Den Eltern wird zu unterschiedlichen Themen ein unterschiedliches Ausmaß der Einflussnahme eingeräumt.

- Information: Nahezu alle Kindertagesstättengesetze sprechen den Eltern das Recht zu, über alle wesentlichen Angelegenheiten der Kita informiert zu werden und/oder darüber Auskunft zu verlangen.
- Anhörung: Verbreitet wird auch das Recht formuliert, dass solche Angelegenheiten mit den Eltern erörtert und sie vor Entscheidungen angehört werden.

- Mitbestimmung: Konkrete Mitbestimmungsrechte werden Eltern jedoch nur vereinzelt zugestanden. So ist für zusätzliche finanzielle Belastungen außerhalb der regelmäßigen Elternbeiträge (etwa durch Verpflegungs- oder Veranstaltungskosten) in Nordrhein-Westfalen und Thüringen die Zustimmung des Elternbeirats, eines »Nur-Eltern-Gremiums«, erforderlich, was einem Veto-Recht der Eltern gleichkommt. »Auch-Eltern-Gremien« haben in Einzelfällen erheblich weitergehende Mitbestimmungsrechte. So beschließt in Brandenburg der Kindertagesstätten-Ausschuss über pädagogische und organisatorische Angelegenheiten einschließlich der pädagogischen Konzeption. Die Eltern allein können ihre Vorstellungen hier allerdings nicht durchsetzen, weil im Ausschuss der Träger, die Beschäftigten und die Eltern zu drei gleichen Teilen vertreten sind. Lediglich in Sachsen-Anhalt, wo das Kuratorium einer Änderung der Konzeption, der Festlegung von Öffnungs- und Schließzeiten und der Festlegung, ob die gesundheitliche Eignung eines Kindes nach einer Erkrankung durch eine ärztliche Bescheinigung nachzuweisen ist, zustimmen muss, kann es bei diesbezüglichen Entscheidungen zumindest zu einer Pattsituation zwischen den Vertreter:innen des Trägers und der Einrichtungsleitung sowie denen der Elternschaft kommen, gegebenenfalls sogar zu einer Mehrheit der Eltern.
- Selbstbestimmung: Explizite Selbstbestimmungsrechte werden den Eltern in den Kindertagesstättengesetzen nicht eingeräumt. Aus ihrem theoretisch verbürgten, in der Praxis jedoch nicht immer nutzbaren Wunsch- und Wahlrecht nach § 5 SGB VIII ergibt sich jedoch das Elternrecht, jederzeit den Betreuungsvertrag zu kündigen und die Einrichtung zu wechseln, wenn die Kita und ihr Angebot ihren Vorstellungen nicht (mehr) ausreichend entspricht.

Sozialgesetzbuch Achtes Buch – Kinder- und Jugendhilfe (SGB VIII)
§ 5 Wunsch- und Wahlrecht

(1) Die Leistungsberechtigten haben das Recht, zwischen Einrichtungen und Diensten verschiedener Träger zu wählen und Wünsche hinsichtlich der Gestaltung der Hilfe zu äußern. Sie sind auf dieses Recht hinzuweisen.

(2) Der Wahl und den Wünschen soll entsprochen werden, sofern dies nicht mit unverhältnismäßigen Mehrkosten verbunden ist. […]

Der rechtliche Rahmen der Beteiligung von Eltern in der Kita stellt sich also so dar, dass die Eltern einerseits ein umfassendes Informations- und Anhörungsrecht bezüglich der wesentlichen Entscheidungen der Betreuung, Erziehung und Bildung der Kinder haben und andererseits das Recht, selbstbestimmt zu entscheiden, ob sie ihr Kind (weiterhin) in dieser Einrichtung betreuen lassen. Konkrete Mitbestimmungsrechte in der Kita haben die Gesetzgeber ihnen jedoch kaum eingeräumt.

Eine Formulierung aus dem Brandenburger Kindertagesstättengesetz gibt einen Hinweis, warum die Bestimmungen diesbezüglich so zurückhaltend ausfallen. Da heißt es in § 7 (2) KitaG, nachdem die (oben genannten) weitgehenden Mitbestimmungsrechte des Kindertagesstätten-Ausschusses beschrieben werden: »Die Finanzhoheit des Trägers, seine personalrechtliche Zuständigkeit und seine Selbstständigkeit in Zielsetzung und Durchführung der Aufgaben bleiben hiervon unberührt.« Die Träger tragen die Verantwortung für den Betrieb von Kindertageseinrichtungen mit zahlreichen Beschäftigten und sind dabei gesetzlichen Vorgaben und trägerspezifischen Grundsätzen verpflichtet. Gesetzlich verbürgte Mitentscheidungsrechte der Nutzer:innen dieser Einrichtungen über solche Belange könnte die Träger gegebenenfalls an der Erfüllung ihrer Aufgaben hindern und wären insofern kaum zu vertreten.

Dennoch rufen die Kindertagesstättengesetze in zahlreichen Formulierungen zur Beteiligung und Mitwirkung von Eltern in der Kita auf und fordern von Trägern, Fachkräften und Eltern, partnerschaftlich und vertrauensvoll zusammenzuarbeiten, sich gegenseitig wertzuschätzen und zu unterstützen und sich in enger Abstimmung zu verständigen. Aus diesen Formulierungen klingt der Appell der Gesetzgeber an die Träger und Beschäftigten von Kindertageseinrichtungen, die Eltern über die verbindlichen gesetzlichen Vorgaben hinaus an den wesentlichen Entscheidungen der Kita zu beteiligen.

Insofern obliegt es den Kindertageseinrichtungen und ihren Trägern, den Rahmen der Elternpartizipation genauer zu fassen. Dazu wird es hilfreich sein, sich zunächst vor Augen zu führen, um welche Themen es Eltern und Fachkräften bei der Beteiligung von Eltern an Angelegenheiten der Kita gehen kann (siehe Kapitel 3) und welche potenziellen Konfliktlinien sie dabei im Blick haben sollten (siehe Kapitel 4), um dann die Partizipationsrechte von Eltern differenzierter zu klären (siehe Kapitel 5).

2.3 Zentrale Aspekte dieses Kapitels in Kürze

Elternpartizipation ist ein gesetzlicher Auftrag an Kindertageseinrichtungen. Die Konkretisierungen der Beteiligungsrechte von Eltern in den Kindertagesstättengesetzen der Länder fallen sehr unterschiedlich aus, sodass Träger, Kitas und Eltern sich stets die spezifischen Bedingungen ihres Bundeslandes vor Augen führen müssen. In der Regel wird Eltern dort das Recht zugesprochen, über die Ausgestaltung der Erziehung, Bildung und Betreuung informiert zu werden, während sich konkrete Mitbestimmungsrechte in den gesetzlichen Vorgaben kaum finden. So ist es – ähnlich wie bei der Beteiligung der Kinder – die Aufgabe von Kitas und ihren Trägern, das grundsätzliche Beteiligungsrecht von Eltern auszudifferenzieren.

Arbeitsauftrag: Information über die rechtlichen Regelungen zur Beteiligung von Eltern im eigenen Bundesland

Bitte informieren Sie sich über die konkreten rechtlichen Bestimmungen zur Beteiligung von Eltern in Kindertageseinrichtungen in Ihrem Bundesland. Sie finden solche Regelungen in Kindertagesstättengesetzen und -verordnungen und in einzelnen Bundesländern in weiteren rechtlichen Vorgaben.

3 Mögliche Themen von Elternpartizipation

In § 22a SGB VIII heißt es: »Die Erziehungsberechtigten sind an den Entscheidungen in wesentlichen Angelegenheiten der Erziehung, Bildung und Betreuung zu beteiligen.« Die Gesetzgeber in Bund und Ländern überlassen es jedoch weitgehend den Kitas und ihren Trägern, zu konkretisieren, was wesentliche Angelegenheiten der Erziehung, Bildung und Betreuung sind, an denen die Eltern zu beteiligen wären (siehe Kapitel 2).

Über diese Frage herrscht allerdings sowohl unter pädagogischen Fachkräften als auch zwischen Fachkräften und Eltern oftmals Uneinigkeit. In Kindertageseinrichtungen gibt es immer wieder Mütter und Väter, die in zahlreichen Angelegenheiten der Erziehung, Bildung und Betreuung der Kinder in der Kita mitreden, mitbestimmen und bisweilen sogar aktiv mitgestalten wollen. Das gefällt nicht allen Fachkräften, die sich vielleicht mehr Zurückhaltung und Vertrauen der Eltern in ihre pädagogische Arbeit wünschen. Es gibt aber auch immer wieder Fachkräfte, die sich über das mangelnde Engagement von Eltern beklagen. Doch nicht alle Eltern wollen oder können sich in den pädagogischen Alltag der Kita einbringen. Solch unterschiedliche Erwartungen bezüglich der Partizipation von Eltern erschweren eine kooperative Zusammenarbeit von Fachkräften und Eltern insgesamt.

Reflexionsaufgabe: Unterschiedliche Erwartungen an Elternpartizipation

Sammeln Sie auf einem Plakat in zwei Spalten Antworten auf die Fragen:

- Bei welchen Themen wünschen Sie sich eher, dass die Eltern sich in der Kita engagieren?
- Bei welchen Themen wünschen Sie sich eher, dass die Eltern sich heraushalten?

Versuchen Sie dann einen Perspektivwechsel.
Sammeln Sie auf einem zweiten Plakat Antworten auf die Fragen:

- Bei welchen Themen würden Sie sich als Mutter oder Vater in der Kita eher einbringen wollen?
- Bei welchen Themen würden Sie sich als Mutter oder Vater in der Kita lieber heraushalten?

Angesichts möglicherweise widersprüchlicher Erwartungen an die Beteiligung von Eltern kann ein erster Schritt für die Entwicklung eines Konzepts für Elternpartizipation sein, sich die Vielzahl von Themen bewusst zu machen, die potenziell Gegenstand der Beteiligung von Eltern sein können. Im Anschluss daran kann geklärt werden, in welchem Ausmaß (als Information, Anhörung, Mitbestimmung oder Selbstbestimmung; siehe Kapitel 5) und auf welche Weise (siehe Kapitel 7) Elternpartizipation bei solchen Themen in der Kita erfolgen kann und soll.

Im Folgenden fassen wir mögliche Themenbereiche von Elternpartizipation in fünf Beteiligungsfeldern zusammen:

- Beteiligungsfeld 1: Themen, die die Entwicklung des einzelnen Kindes betreffen
- Beteiligungsfeld 2: Themen, die das pädagogische Handeln der Fachkräfte in der Kita betreffen
- Beteiligungsfeld 3: Themen, die die Organisation und Struktur der Kita betreffen
- Beteiligungsfeld 4: Themen des Kinderschutzes
- Beteiligungsfeld 5: Themen, die das Verhältnis von Nähe und Distanz zwischen Fachkräften und Eltern betreffen

In jedem dieser Beteiligungsfelder beschreiben wir mögliche Themenbereiche und zeigen exemplarisch, an welchen konkreten Themen sich diese im Kita-Alltag zeigen können. Manche der aufgelisteten Beispiele sperren sich allerdings gegen diesen Versuch einer Strukturierung; sie sind nicht immer eindeutig nur einer Kategorie zuzuordnen. Insbesondere werden Mütter und Väter Themen häufig auf die Entwicklung ihres eigenen Kindes beziehen, die pädagogische Fachkräfte eher ihrem grundsätzlichen pädagogischen Handeln zuordnen. Solch unterschiedliche Perspektiven können dann wiederum zu unterschiedlichen Erwartungen an die Beteiligung von Eltern bei diesen Themen und in der Folge zu Spannungen zwischen ihnen und den Fachkräften führen. Andere Beispiele deuten auf mögliche Differenzen in den Erziehungsvorstellungen von Eltern und Fachkräften oder über die Art und Weise des Austauschs darüber hin. Insgesamt sind die Beispiele so gewählt, dass sie bereits auf die in Kapitel 4 beschriebenen potenziellen Konfliktlinien bei der Elternpartizipation hinweisen.

3.1 Beteiligungsfeld 1: Themen, die die Entwicklung des einzelnen Kindes betreffen

Mit dem Eintritt in die Kita sind neben den Erziehungsbeteiligten aus dem familiären Umfeld auch die pädagogischen Fachkräfte für das Wohl des Kindes verantwortlich. Das erfordert, dass Fachkräfte und Eltern zur »Sicherung der Kontinuität des Erziehungsprozesses« (§ 22a SGB VIII; siehe Kapitel 2) zusammenarbeiten und sich über die Entwicklung des Kindes austauschen, ihr erzieherisches Handeln abstimmen und diesbezügliche Konflikte so austragen, dass das Kind in keine Loyalitätskonflikte gerät.

In diesem Beteiligungsfeld können folgende Themenbereiche für die Beteiligung von Eltern bedeutsam sein.

Themenbereich: Austausch über die individuellen Entwicklungen des einzelnen Kindes

Der Austausch zwischen pädagogischen Fachkräften und Eltern über die Entwicklung ihres Kindes erfolgt üblicherweise in unterschiedlichen Settings. Viele Kindertagesstättengesetze der Länder geben vor, dass Kitas regelmäßige Entwicklungsgespräche anbieten müssen. Im Alltag dienen zudem Tür- und Angelgespräche beim Bringen und Abholen dazu, sich gegenseitig über aktuelle Geschehnisse zu informieren. Wie der Austausch in diesen Settings stattfindet oder ob es weiterer Formate bedarf, können Themen von Elternpartizipation sein.

Konkrete Beteiligungsthemen in diesem Themenbereich können sich im Kita-Alltag wie folgt zeigen:

- Die Erzieherin begrüßt gerade drei Kinder, die von ihren Eltern in die Kita gebracht werden, während sie ein viertes Kind zu trösten versucht, dessen Vater sich für das Kind offenbar zu eilig verabschiedet hat. In dieser Situation möchte eine Mutter der Erzieherin unbedingt etwas mitteilen. Da diese ihr jedoch nicht die gewünschte Aufmerksamkeit entgegenbringt, verlässt sie die Kita unverrichteter Dinge und scheinbar verärgert.
- In der grünen Gruppe stehen Entwicklungsgespräche an. Einige Eltern beschweren sich, dass nur Termine im Rahmen der Öffnungszeiten angeboten werden.
- Ein Vater spricht sich gegen das Portfolio als Grundlage für die Entwicklungsgespräche aus, da daraus nicht deutlich hervorgeht, was das Kind bereits kann und was zukünftig gefördert werden muss.

Themenbereich: Individuelle Eingewöhnung des einzelnen Kindes

In vielen Kindertageseinrichtungen gibt es Eingewöhnungskonzepte, die vorsehen, dass ein Kind zunächst von vertrauten Erziehungsbeteiligten begleitet wird, bis es sich in der Kita sicher aufgehoben fühlt. Wie das im Einzelfall konkret geschieht, kann ein Thema für Elternpartizipation sein.

Konkrete Beteiligungsthemen in diesem Themenbereich können sich im Kita-Alltag wie folgt zeigen:

- Ein einjähriges Kind wird während der Eingewöhnungsphase zunächst von der Mutter begleitet. Am dritten Tag kommt der Großvater und will die Eingewöhnung fortführen.
- Während der Eingewöhnung erfahren die Fachkräfte, dass die Eltern die Mahlzeiten ihres zweijährigen Sohnes pürieren und dies auch von der Kita erwarten.
- Ein Kind ist kurz nach der Eingewöhnung für zwei Wochen erkrankt. Als es danach wieder in die Krippe gebracht wird, klammert es sich an seine Mutter und lässt sich, nachdem diese gegangen ist, nicht von der Fachkraft trösten. Als die Fachkraft daraufhin die Mutter anruft, ist diese bestürzt und meint, sie würde ihren Job verlieren, wenn sie nun schon wieder fehlen würde.

Themenbereich: Einflussnahme auf die Entwicklung des einzelnen Kindes

Das Erleben und das Verhalten jedes Menschen verändern sich stetig durch ein Zusammenwirken von individuellen Anlagen, die das Individuum umgebende Welt und die aktiven Aneignungsprozesse des Individuums. Wie Eltern und pädagogische Fachkräfte die Entwicklung eines Kindes wahrnehmen, interpretieren und darauf Einfluss nehmen wollen, hat auch mit ihren jeweiligen Erziehungsvorstellungen zu tun. Wie die Entwicklung des Kindes bewertet wird und auf welche Weise in der Kita darauf eingewirkt werden soll, können Themen von Elternpartizipation sein.

Konkrete Beteiligungsthemen in diesem Themenbereich können sich im Kita-Alltag wie folgt zeigen:

- Eine Mutter erwartet, dass ihr Kind im letzten Jahr vor der Einschulung vermehrt dazu angehalten wird, stillzusitzen und die Handhabung von Stiften und Scheren zu üben.
- Ein sechsjähriger Junge berichtet seinem Vater beim Abholen begeistert, dass er beim Sommerfest bei der Ballettaufführung mittanzen darf. Der Vater schüttelt den Kopf und meint, das wäre doch nichts für Jungen.
- Die Eltern eines sechsjährigen Mädchens wollen auf keinen Fall, dass ihre Tochter am geplanten Kita-Ausflug mit zwei Übernachtungen teilnimmt.

In diesem Themenbereich wird besonders deutlich, dass Themen, die Eltern auf die Entwicklung des eigenen Kindes beziehen, aus Sicht der Fachkräfte eher ihr grundsätzliches pädagogisches Handeln betreffen.

Themenbereich: Individuelle Fördermaßnahmen für das einzelne Kind

Viele Kindertageseinrichtungen arbeiten mit externen Therapeut:innen, Heilpädagog:innen usw. zusammen. Diese bieten ärztlich verordnete Therapien für einzelne Kinder mit besonderem Förderbedarf an. Die individuelle Durchführung eines solchen therapeutischen Angebots für das Kind kann ein Thema für Elternpartizipation sein.

Konkrete Beteiligungsthemen in diesem Themenbereich können sich im Kita-Alltag wie folgt zeigen:

- Die Eltern wünschen, dass der Termin für die Ergotherapie ihres Kindes nicht am Vormittag stattfindet, sondern am Nachmittag um 16.00 Uhr, da sie dann anschließend mit der Therapeutin sprechen können.
- Eine Mutter erwartet von der Kita, dass die Fachkräfte täglich eine bestimmte Physiotherapieübung mit dem Kind durchführen, um einer drohenden Fehlstellung des Fußes entgegenzuwirken.

- Beim Entwicklungsgespräch weisen die Fachkräfte nachdrücklich darauf hin, dass das Kind Sprachauffälligkeiten zeigt. Die Eltern lehnen die vorgeschlagene Therapie jedoch ab, da sie der Ansicht sind, dass das Kind nur etwas länger Zeit benötige.

In diesem Themenbereich zeigt sich besonders deutlich, dass es Themen gibt, bei denen die Eltern unhintergehbare Rechte haben. Die Entscheidung für oder gegen eine Therapie ist auf jeden Fall Teil der ihnen zustehenden Personensorge. Das Sorgerecht der Eltern muss bei allen Themen, in denen es um die Entwicklung des einzelnen Kindes geht, besondere Berücksichtigung finden.

3.2 Beteiligungsfeld 2: Themen, die das pädagogische Handeln der Fachkräfte betreffen

Kinder in Gruppen zu erziehen und sie in ihren Bildungsprozessen zu unterstützen, ist die Kernaufgabe pädagogischer Fachkräfte in Kindertageseinrichtungen. Wie sie ihr pädagogisches Handeln gestalten sollen, ist durch gesetzliche Vorgaben, Grundsätze von Trägern und wissenschaftliche Erkenntnisse gerahmt. Dabei hat sich in den vergangenen zwei Jahrzehnten das Verständnis von Erziehung und Bildung im frühpädagogischen Fachdiskurs gewandelt. Die Begriffe Erziehung und Bildung verweisen auf das stete Wechselspiel der Akteur:innen in der Pädagogik: die erzieherisch handelnden Erwachsenen und die sich bildenden Kinder.

Jedweder Erziehung geht es im Kern um die Frage: »Was will denn die ältere Generation mit der jüngeren?« (Winkler 2006, S. 16). Welche Inhalte und Werte sind Erwachsenen so wichtig, dass sie wollen, dass Kinder sich diese aneignen, und was tun sie dafür? Erziehung zeigt sich stets in konkreten Situationen, darin, wie Erwachsene miteinander oder mit den Kindern handeln, wie sie die Komplexität der Welt für Kinder überschaubarer machen und sie ihnen didaktisch-methodisch aufbereiten (vgl. Winkler 2011, S. 362). Bildung dagegen verweist auf das aktive Handeln des Subjekts, auf die Aneignung der Welt, die immer in sozialen und kulturellen Bezügen stattfindet. Die Tätigkeit des Sich-Bildens beginnt mit der Geburt (vgl. Schäfer 2003) und ist ein fortwährender Prozess, in dem das Kind sich nach und nach Fähigkeiten aneignet und seine Persönlichkeit entwickelt. »Bildung kann man nicht machen« (Winkler 2006, S. 353), aber man kann Kinder in ihren Bildungsprozessen durch Erziehung unterstützen.

Dieses Verständnis von Erziehung und Bildung hat in den vergangenen Jahren auch zu veränderten Anforderungen an das fachliche Handeln pädagogischer Fachkräfte geführt. Ihr konkretes Handeln kann mit den individuellen Erziehungsvorstellungen der Erziehungsberechtigten in Widerspruch geraten.

In diesem Beteiligungsfeld können folgende Themenbereiche für die Beteiligung von Eltern bedeutsam sein.

Themenbereich: Pädagogische Konzeption

Die Träger von Kindertageseinrichtungen müssen, um eine Betriebserlaubnis und eine weitergehende Förderung zu erhalten, eine pädagogische Konzeption vorlegen und im Rahmen ihrer Qualitätssicherungsverfahren weiterentwickeln (§§ 45 (3) und 22a (1) SGB VIII). Die Konzeption stellt die verbindliche Grundlage der pädagogischen Arbeit der Kita dar. Sie bietet Orientierung nach außen (unter anderem für Eltern, die einen Kita-Platz für ihr Kind suchen) und nach innen (für das konkrete Handeln der pädagogischen Fachkräfte). Die Entwicklung, Fortschreibung oder Änderung der Konzeption sowie die Überprüfung, ob das pädagogische Handeln im Kita-Alltag an der Konzeption ausgerichtet ist, können Themen von Elternpartizipation sein.

Konkrete Beteiligungsthemen in diesem Themenbereich können sich im Kita-Alltag wie folgt zeigen:

- Nach den Einschränkungen durch die Covid-19-Pandemie will das Kita-Team die offene Arbeit wieder aufnehmen. Die Überlegungen der Fachkräfte finden nicht bei allen Eltern Zustimmung.
- Ein Vater bemängelt, dass in der Jahresplanung der Kita nur die christlichen Feste aufgegriffen werden. Er wünscht, dass auch andere Feste wie der Weltkindertag oder auch Halloween Berücksichtigung finden.
- In einer Fortbildung haben die Fachkräfte eine Kita-Verfassung entwickelt. Die Elternvertretung steht vielen Entscheidungsrechten, die den Kindern darin eingeräumt werden, skeptisch gegenüber.

Themenbereich: Körperliche Versorgung und Pflege

Nach der Geburt eines Kindes verwenden Mütter und Väter in der Regel viel Mühe und Sorgfalt darauf, es gut zu versorgen und zu pflegen. Damit das Kind gedeiht, muss es genährt, gekleidet, gewickelt, in den Schlaf begleitet werden und einiges mehr. Wenn das Kind in die Krippe oder die Kita geht, überlassen die Eltern diese Tätigkeiten zumeist das erste Mal Menschen, die nicht zu ihrem familiären Umfeld gehören. Daher richten sie in der Regel ein besonderes Augenmerk darauf, wie die Fachkräfte diesen Aufgaben nachkommen. Dabei kann sich, schon aufgrund des Settings der Betreuung in einer Kindergruppe, zum Beispiel die Art und Weise, wie die pädagogischen Fachkräfte die Autonomie der Kinder herausfordern, von der Alltagspraxis in der Familie unterscheiden. Wie die körperliche Versorgung und Pflege der Kinder in der Kita erfolgt, kann ein Thema der Elternpartizipation sein.

Konkrete Beteiligungsthemen in diesem Themenbereich können sich im Kita-Alltag wie folgt zeigen:

- Die Fachkräfte haben statt des gemeinsamen Frühstücks in der Gruppe ein offenes Frühstück eingeführt. Weil die Kinder jetzt selbst entscheiden, wann sie frühstücken, haben einige Eltern Sorge, dass ihre Kinder gar nichts mehr essen.
- Die Kinder haben in der Kita das Recht, selbst zu entscheiden, ob sie im Außengelände eine Jacke tragen oder nicht. Eine Mutter ermahnt ihr Kind morgens in der Garderobe nachdrücklich: »Wenn du heute raus gehst, ziehst du auf jeden Fall deine Jacke an.«
- Ein Vater möchte, dass sein Kind beim Mittagsschlaf nach einer halben Stunde geweckt wird, da es sonst am Abend nicht müde ist und nicht einschlafen kann.

In diesem Themenbereich wird erneut sichtbar, dass grundsätzliche pädagogische Entscheidungen der Fachkräfte von den Eltern vor allem in ihren Auswirkungen auf das eigene Kind wahrgenommen werden können.

Themenbereich: Pädagogische Angebote

Kindertageseinrichtungen sind Bildungseinrichtungen. Sie haben einen eigenen Erziehungs- und Bildungsauftrag, der sich auf die soziale, emotionale, körperliche und geistige Entwicklung des Kindes bezieht (§ 22 (3) SGB VIII). Viele Bildungspläne der Länder differenzieren Bildungsbereiche oder Ähnliches, in denen Bildungsprozesse der Kinder aufgegriffen, angeregt und gemeinsam weiterentwickelt werden sollen. Dabei vermitteln die Fachkräfte auch gesellschaftlich relevante kulturelle Kenntnisse und Fertigkeiten. Vor diesem Hintergrund wird die Gestaltung pädagogischer Angebote, Projekte, Ausflüge oder Feste von Fachkräften wie von Eltern häufig als wichtigster Teil der pädagogischen Arbeit aufgefasst. Welche Inhalte die Fachkräfte auf welche Weise mit den Kindern bearbeiten, kann Thema von Elternpartizipation sein.

Konkrete Beteiligungsthemen in diesem Themenbereich können sich im Kita-Alltag wie folgt zeigen:

- Fachkräfte und Kinder haben am Muttertag zu einem Familienpicknick im Garten der Kita eingeladen. Die Kinder haben dafür selbst Brote gebacken und Aufstriche zubereitet. Einige Mütter zeigen sich enttäuscht, dass es dafür in diesem Jahr keine gebastelten Muttertagsgeschenke gibt.
- Eltern berichten, dass in der benachbarten Kita mindestens dreimal im Monat Ausflüge mit den Kindern durchgeführt werden. Das wünschen sie für ihre Kinder auch.
- Ein Vater findet, dass in der Kita zu wenig gelesen wird. Er schlägt vor, dass die Fachkräfte sich um Vorlesepat:innen bemühen.

Themenbereich: Regeln

Der Erziehungs- und Bildungsauftrag von Kindertageseinrichtungen »schließt die Vermittlung orientierender Werte und Regeln ein« (§ 22 (3) SGB VIII). Wenn Kinder sich (explizit formulierte oder auch unausgesprochene) Regeln in der Kita zu eigen machen, tragen sie sie bisweilen auch in die Familie hinein. In Kitas gibt es Regeln, die für alle (Kinder, Fachkräfte und andere Erziehungsbeteiligte) gelten, aber auch solche, die sich ausschließlich an eine der Gruppen richten. Welche Regeln in der Kita gelten und wie mit Regelverstößen umgegangen werden soll, kann Thema von Elternpartizipation sein.

Konkrete Beteiligungsthemen in diesem Themenbereich können sich im Kita-Alltag wie folgt zeigen:

- Nachdem sie ein Handwerker:innendiplom erworben haben, dürfen die Kinder auch ohne pädagogische Fachkraft im Werkraum mit Hämmern und Nägeln arbeiten. Einige Eltern finden das viel zu gefährlich.
- Die Kinder dürfen an festgelegten Tagen Spielzeug von zu Hause mitbringen. Die Eltern aus der Elementargruppe ärgern sich darüber, dass vor allem elektrisch betriebene Spielsachen häufig beschädigt wieder mit nach Hause gebracht werden.
- Obwohl die Kita auf eine gesunde Ernährung der Kinder Wert legt, packen einige Eltern ihren Kindern immer wieder Schokoriegel in die Brottaschen.

Themenbereich: Raum, Material, Zeit

Wie die körperliche Versorgung und Pflege der Kinder und die pädagogischen Angebote der Fachkräfte verlaufen können sowie welcher Regeln es dabei bedarf, hängt auch von den räumlichen und zeitlichen Bedingungen ab. Die Gestaltung der Räume, die Auswahl der Materialien und die Strukturierung der zeitlichen Abläufe sind explizite Bestandteile der pädagogischen Arbeit der Fachkräfte, die dadurch bestimmte Settings ermöglichen, aber auch verhindern können. Wie Räume, das Materialangebot oder Zeitabläufe in der Kita gestaltet werden, können Themen von Elternpartizipation sein.

Konkrete Beteiligungsthemen in diesem Themenbereich können sich im Kita-Alltag wie folgt zeigen:

- Eine Mutter ist jeden Morgen im Durcheinander der Kita-Garderobe auf der Suche nach den Hausschuhen ihres Sohnes.
- Die Kita hat neue Bücher angeschafft. Darunter ist auch ein Buch über Sexualität. Mehrere Eltern stellen diese Anschaffung in Frage.
- In der Krippengruppe gibt es immer um 14.00 Uhr einen kleinen Snack. Eltern, die ihr Kind um diese Zeit abholen möchten, warten oft ungeduldig, bis ihr Kind mit dem Essen fertig ist.

Themenbereich: Transitionen

Auch wenn pädagogische Fachkräfte und Eltern sich bemühen, durch eine gute Zusammenarbeit die Kontinuität des Erziehungsprozesses zu sichern, sind die Aufnahme in eine Kindertageseinrichtung, der Wechsel aus der Krippe in den Elementarbereich oder der Übergang von der Kita in die Grundschule Ereignisse im Leben eines Kindes, die es zwingen, Diskontinuitäten zu bewältigen und Erfahrungen von Wandel zu verarbeiten. Solche Transitionen können Bildungsprozesse beschleunigen und anregen (vgl. Niesel/Griebel 2011, S. 38). Während die Fachkräfte bei diesen Übergängen wechseln, begleiten die Eltern die Kinder dabei in der Regel kontinuierlich weiter und haben daher eine besondere Bedeutung für die Bewältigung solcher Ereignisse. Wie diese und andere Transitionen (zum Beispiel eine Trennung der Eltern) in der Kita begleitet werden, kann ein Thema von Elternpartizipation sein.

Konkrete Beteiligungsthemen in diesem Themenbereich können sich im Kita-Alltag wie folgt zeigen:

- Einige Eltern haben beim Tag der offenen Tür in der Grundschule erfahren, dass die Kinder aus der Kita dort als ›aufmüpfig‹ eingeschätzt werden. Nun stellen sie das Partizipationskonzept der Kita in Frage und äußern Sorge, dass die Kinder es deshalb in der Schule schwer haben werden.
- Die Kita hat mit der benachbarten Schule Schnuppertage vereinbart, an denen sie mit den Kindern die Schule besuchen, damit diese einen ersten Eindruck vom Schulbetrieb bekommen. Einige Eltern wollen nicht, dass ihre Kinder daran teilnehmen, weil sie an einer anderen Schule angemeldet sind.
- Die Kitas und Grundschulen im Stadtteil haben eine bestimmte Form der Bildungsdokumentation erarbeitet, die die Schulen über die bisherigen Bildungsprozesse der Kinder informieren soll. Die Erziehungsberechtigten eines Kindes weigern sich, diese Dokumentation an die Schule weiterzugeben.

Das letzte Beispiel macht deutlich, dass bei der Beteiligung von Eltern immer auch Datenschutzrechte beachtet werden müssen.

Themenbereich: Teilnahme von Eltern am Kita-Alltag

In der Regel sind Erziehungsbeteiligte zweimal am Tag für kurze Zeit in der Kita anwesend: beim Bringen und Abholen des Kindes. Doch während der Eingewöhnung und bei Hospitationen nehmen sie auch längere Zeiten am Kita-Alltag teil. Zudem haben viele Kitas auch Orte eingerichtet, an denen sich Mütter und Väter während der Öffnungszeiten begegnen können. Wie die Anwesenheit von Eltern in solch unterschiedlichen Settings geregelt ist, kann Thema von Elternpartizipation sein.

Konkrete Beteiligungsthemen in diesem Themenbereich können sich im Kita-Alltag wie folgt zeigen:

- Ein dreijähriges Kind ist seit ein paar Wochen gut in der Kita angekommen. Die Mutter hält sich jedoch oft noch lange, nachdem das Kind sich von ihr verabschiedet hat, im Flur oder Außengelände der Kita auf.
- Ein Elternpaar vermutet, dass ihr Kind von einem anderen Kind drangsaliert wird. Obwohl die Fachkräfte beteuern, davon nichts bemerkt zu haben, bestehen die Eltern darauf, abwechselnd ein paar Tage in der Gruppe zu hospitieren, um sich selbst einen Eindruck zu verschaffen.
- Die Elternecke im Flur ist nach den Einschränkungen der Covid-19-Pandemie wieder geöffnet, wird aber von den Eltern nicht wie zuvor genutzt. Einige Fachkräfte schlagen vor, sie den Kindern als zusätzlichen Spielraum zur Verfügung zu stellen.

Dieser Themenbereich könnte auch im Beteiligungsfeld 3 verortet werden. Da sich die Anwesenheit von Eltern im Kita-Alltag aber unmittelbar auf das pädagogische Handeln der Fachkräfte auswirkt, haben wir es dem Beteiligungsfeld 2 zugeordnet.

Die Erziehung, Bildung und Betreuung der Kinder in der Kita ist das Kerngeschäft pädagogischer Fachkräfte, das sie fachlich fundiert zu erledigen haben. Dennoch gibt es zahlreiche Themen, an denen gegebenenfalls eine Beteiligung von Eltern (in unterschiedlichen Ausmaßen) erfolgen kann.

3.3 Beteiligungsfeld 3: Themen, die die Organisation und Struktur der Kita betreffen

Als Institution der öffentlichen Kinder- und Jugendhilfe ist die Organisation und Struktur einer Kindertageseinrichtung stark durch gesetzliche und politische Rahmenvorgaben bestimmt. Kindertagesstättengesetze und -verordnungen oder Bedarfsplanungen bestimmen in der Regel die Anzahl der Gruppen, die Gruppengrößen, den Personalschlüssel oder das Haushaltsvolumen einer Kita. Dennoch haben Kitas und ihre Träger allerlei Möglichkeiten, diese strukturellen Elemente so zu gliedern und miteinander zu verknüpfen, dass sie ihren Auftrag ihren Vorstellungen entsprechend möglichst gut erfüllen können. Manche Aspekte struktureller Qualität von Kindertageseinrichtungen betreffen Eltern unmittelbarer als die in den Beteiligungsfeldern 1 und 2 vorgestellten potenziellen Beteiligungsthemen.

In diesem Beteiligungsfeld können folgende Themenbereiche für die Beteiligung von Eltern bedeutsam sein.

Themenbereich: Betreuungszeiten

Kinder, die das erste Lebensjahr vollendet haben, haben einen Rechtsanspruch auf Förderung in einer Tageseinrichtung oder der Tagespflege, wenn auch nicht unter allen Umständen auf eine ganztägige Betreuung (§ 24 SGB VIII). Die Betreuungszeiten der Kinder haben entscheidenden Einfluss darauf, wie sehr die Kita Eltern dabei helfen kann, Erwerbstätigkeit und Kindererziehung besser miteinander vereinbaren zu können (§ 22 (2) SGB VIII). Sie sind aber auch eng mit den Arbeitszeiten der Fachkräfte verbunden. Die täglichen Öffnungszeiten der Kita, die Kernzeiten (in denen die Kinder in ihren Gruppen betreut werden) und die Randzeiten (in denen Kinder von Früh- und Spätdiensten betreut werden), weitergehende Vereinbarungen über Bring- und Holzeiten während der Kernzeiten sowie Schließzeiten in den Ferien oder für Teamfortbildungen können Themen für Elternpartizipation sein.

Konkrete Beteiligungsthemen in diesem Themenbereich können sich im Kita-Alltag wie folgt zeigen:

- Obwohl die Kinder morgens möglichst bis zum Beginn des Morgenkreises gebracht werden sollen, platzt ein Vater immer wieder mit seinem Sohn mitten in den Morgenkreis hinein.
- Eine Mutter kommt 25 Minuten nach Ende des Spätdienstes, um ihr Kind abzuholen, weil sie mal wieder länger arbeiten musste.
- Einige Eltern merken an, dass die Schließzeit während der Ferien nicht mit jener der betreuten Grundschule übereinstimmt und sie daher Probleme haben, die Betreuung ihrer Kita- und Schulkinder für die ganze Zeit sicherzustellen.

Themenbereich: Aufnahme und Gruppenzugehörigkeit von Kindern

Wenn die Zahl der Anfragen nach Betreuungsplätzen höher ist als die Zahl der freien Plätze, muss es Kriterien geben, nach denen über die Aufnahme neuer Kinder entschieden wird. Auch wenn es zentrale Anmeldeverfahren für Kita-Plätze gibt, haben letztlich vielerorts doch die Kitas und ihre Träger die Macht, über eine Platzvergabe zu entscheiden. Ist ein Kind in eine Kita aufgenommen, muss noch entschieden werden, welcher Gruppe das Kind zugeordnet wird (auch wenn das in Kitas mit offenen Konzepten zum Teil wenig Einfluss auf die tatsächliche Organisation des Alltags hat). Wie über die Aufnahme neuer Kinder und ihre Zuordnung zu den Gruppen entschieden wird, können Themen von Elternpartizipation sein.

Konkrete Beteiligungsthemen in diesem Themenbereich können sich im Kita-Alltag wie folgt zeigen:

- Ein Vater erkundigt sich, warum ein ukrainisches Kind einen Platz erhalten hat, das Kind von Freunden aber noch nicht, obwohl es älter ist als das andere Kind.

- Die Eltern der Kinder aus der Neubausiedlung wünschen sich, dass ihre Kinder alle in die gleiche Gruppe kommen.
- Im neuen Kita-Jahr soll eine Elementargruppe in eine Gruppe mit großer Altersmischung umgewandelt werden. Da die Gruppe dann kleiner wird, um unter-dreijährige Kinder aufnehmen zu können, müssen fünf Kinder auf die übrigen Gruppen verteilt werden. Die Eltern fürchten, dass Freundschaften unter den Kindern darunter leiden und auch sie selbst ihre vertrauten Ansprechpartner:innen verlieren werden.

Themenbereich: Personal

Die Personalausstattung von Kindertageseinrichtungen wird durch Qualifizierungsanforderungen und Personalschlüssel der Länder, aber auch durch einen Mangel an qualifiziertem Fachpersonal begrenzt. Die Kitas und ihre Träger sind immer wieder gefordert, Stellen auszuschreiben, sich für oder gegen Bewerber:innen zu entscheiden und mit den Fachkräften Arbeitszeiten und Tätigkeitsbereiche festzulegen. Solche Personalfragen können auch Themen von Elternpartizipation sein.

Konkrete Beteiligungsthemen in diesem Themenbereich können sich im Kita-Alltag wie folgt zeigen:

- Eltern wünschen, dass eine englischsprachige Fachkraft eingestellt wird, damit ihre Kinder frühzeitig Englisch lernen.
- Eine Elternvertreterin wünscht, dass bevorzugt Fachkräfte mit Migrationsgeschichte eingestellt werden.
- Bei der Anmeldung äußern Eltern, dass ihr Kind nicht in die Gruppe einer Erzieherin kommen soll, von der sie gehört hätten, dass sie immer wieder über längere Zeiträume erkranken würde.

Themenbereich: Finanzen

Im Haushaltsplan einer Kindertageseinrichtung ist der weitaus größte Teil der Finanzen durch Personalkosten und laufende Sachkosten für Gebäude, Energiekosten etc. gebunden. Finanzielle Gestaltungsräume hat die Kita in der Regel im Rahmen budgetierter Haushaltsstellen, beispielsweise für pädagogischen Sachbedarf oder kleine Gebäudeunterhaltungsmaßnahmen, oder im Rahmen der Einnahmen und Ausgaben für die Verpflegung der Kinder. Zudem können Spenden akquiriert und besondere zweckgebundene Zuschüsse zum Beispiel für Sprachfördermaßnahmen oder größere Baumaßnahmen beantragt werden. Die Erstellung des Haushaltsplans, die Verwendung der Haushaltsmittel oder nicht zweckgebundener Spenden, die Festlegung der Höhe regelmäßiger Elternbeiträge oder darüber hinausgehender finanzieller Belastungen der Eltern für Verpflegung oder besondere Veranstaltungen können Themen der Elternpartizipation sein.

Konkrete Beteiligungsthemen in diesem Themenbereich können sich im Kita-Alltag wie folgt zeigen:

- Der Träger legt die Kosten für die Verpflegung auf die Eltern um. Diese erwarten, dass es dann auch eine Erstattung gibt, wenn ihre Kinder krank oder im Urlaub sind.
- Die Fachkräfte wollen den Kindern ermöglichen, künftig im Rahmen von Beteiligungsprojekten über die Gruppenkasse zu verfügen. Eltern sind in Sorge, dass dann Aktivitäten, die bisher daraus finanziert wurden, nicht mehr durchgeführt werden.
- Die Kita möchte vom Förderverein, der von Eltern getragen wird, Mittel für die Anschaffung von Wechselkleidung für die Kinder erhalten. Die Vorstandsmitglieder des Vereins sind damit nicht einverstanden, da sie der Meinung sind, dass dies die Aufgabe der einzelnen Eltern ist.

Themenbereich: Zusammenarbeit im Gemeinwesen

Kindertageseinrichtungen sollen außer mit den Erziehungsberechtigten auch mit anderen kinder- und familienbezogenen Institutionen und Initiativen im Gemeinwesen (insbesondere solchen der Familienbildung und -beratung) sowie mit den Schulen (um den Kindern einen guten Übergang zu sichern) zusammenarbeiten (§ 22a (2) Nr. 2 und 3). Mit wem die Kita auf welche Weise kooperiert, kann Thema von Elternpartizipation sein.

Konkrete Beteiligungsthemen in diesem Themenbereich können sich im Kita-Alltag wie folgt zeigen:

- Eltern aus der Kita wünschen, dass das Außengelände auch außerhalb der Öffnungszeiten der Einrichtung geöffnet wird, da es in der Nähe keinen anderen Spielplatz gibt.
- Der ASD nutzt einen Raum der Kita für Beratungsangebote. Ein Vater äußert, dass es ihm peinlich sei, wenn jede:r sehen könne, dass er dort hingehe, und ob es nicht einen anderen, etwas abseits gelegenen Raum dafür gäbe.
- Die Kita kooperiert mit der benachbarten Grundschule. Manche Eltern haben ihre Kinder aber in einer anderen Schule angemeldet und wünschen, dass die Kita auch mit dieser Schule zusammenarbeitet.

Themenbereich: Trägerwechsel

Es kann vielerlei Gründe geben, warum ein Träger die Trägerschaft einer Kindertageseinrichtung abgeben möchte. In einem solchen Fall kann es darum gehen, Personalstellen und Betreuungsplätze sowie die Qualität der Kita bei einem neuen Träger zu erhalten oder sogar zu verbessern. Ein Trägerwechsel kann auch ein Thema für Elternpartizipation sein.

Konkrete Beteiligungsthemen in diesem Themenbereich können sich im Kita-Alltag wie folgt zeigen:

- Die Elterninitiative löst sich auf. Die Fachkräfte möchten zum DRK wechseln. Die Eltern bevorzugen einen kirchlichen Träger.

Themenbereich: Besondere Einschränkungen der Organisation und Struktur

Die Organisation und Struktur von Kindertageseinrichtungen kann jederzeit von besonderen Ereignissen betroffen werden. Insbesondere aufgrund des verbreiteten Fachkräftemangels oder notwendiger baulicher Maßnahmen kann es immer wieder zu erheblichen Einschränkungen des Kita-Betriebs kommen. Äußerst drastisch haben sich in jüngerer Vergangenheit auch die Covid-19-Pandemie oder die Hochwasserkatastrophe in Nordrhein-Westfalen und Rheinland-Pfalz ausgewirkt. Wie solche Situationen bewältigt werden, kann Thema von Elternpartizipation sein.

Konkrete Beteiligungsthemen in diesem Themenbereich können sich im Kita-Alltag wie folgt zeigen:

- Als die Eltern morgens ihre Kinder in die gelbe Gruppe bringen, erfahren sie, dass beide Fachkräfte erkrankt sind. Die Leitung bittet die Eltern, ihre Kinder nach Möglichkeit wieder mit nach Hause zu nehmen, weil sie keine vertretbare Betreuung mehr gewährleisten kann.
- Immer wieder kam es in der Vergangenheit im Altbau der Kita zu Wassereinbrüchen. Nun müssen zwei Gruppenräume geschlossen werden, weil eine Gesundheitsgefährdung der Kinder durch eine Schimmelpilzbelastung besteht. Es ist noch ungeklärt, wie die Betreuung der Kinder während der Sanierung aufrecht erhalten werden kann.

Auch wenn die Organisation und Struktur einer Kita von vielen Rahmenbedingungen abhängt, gibt es auch in diesem Beteiligungsfeld verschiedene Themen, an denen Eltern gegebenenfalls beteiligt werden können.

3.4 Beteiligungsfeld 4: Themen des Kinderschutzes

Kindertageseinrichtungen als Institutionen der öffentlichen Kinder- und Jugendhilfe sind dem Kinderschutz verpflichtet. Sie müssen, um eine Betriebserlaubnis zu erhalten, konzeptionell nachweisen, wie sie Kinder in der Einrichtung vor Gewalt schützen und ihnen ermöglichen, ihre Rechte auf Partizipation und Beschwerde wahrzunehmen (§ 45 (2) und (3) SGB VIII). Liegen den Fachkräften Anhaltspunkte für eine Gefährdung des Wohls eines von ihr betreuten Kindes (in der Einrichtung oder im privaten Umfeld des Kindes) vor, müssen sie gemäß eines mit den örtlichen Jugendämtern vereinbarten Verfahrens tätig werden. Dabei müssen sie bei der zunächst vorzunehmenden Gefährdungseinschätzung auch die Erziehungsberechtigten sowie das Kind einbeziehen, sofern der Schutz des Kindes dadurch nicht in Frage gestellt wird (§ 8a (4) SGB VIII; siehe auch Kapitel 4). Zudem sind sie verpflichtet, potenzielle Kindeswohlgefährdungen nach § 47 SGB VIII (bei Gefährdungen in der Einrichtung) oder nach § 8a (4) SGB VIII (bei Gefährdungen im privaten Umfeld) den zuständigen Behörden zu melden.

In diesem Beteiligungsfeld können folgende Themenbereiche für die Beteiligung von Eltern bedeutsam sein.

Themenbereich: Partizipations- und Beschwerderechte von Kindern

Kinder haben in Kindertageseinrichtungen das Recht, über die eigenen Angelegenheiten selbst und über gemeinsame Angelegenheiten mitzuentscheiden sowie sich zu beschweren, wenn ihre Rechte missachtet werden (§§ 8 und 45 (2) SGB VIII). Wenn sie sich dieser Rechte bewusst sind und dabei begleitet werden, sie selbstverständlich im Alltag anzuwenden, kann das auch dazu beitragen, dass es ihnen leichter fällt, sich gegen einen Machtmissbrauch von Erwachsenen oder Übergriffe anderer Kinder zur Wehr zu setzen. Dabei können die Themen, über die die Kinder selbst oder mit bestimmen, auch Themen von Elternpartizipation sein.

Konkrete Beteiligungsthemen in diesem Themenbereich können sich im Kita-Alltag wie folgt zeigen:

- Die Tochter überzeugter Vegetarier:innen will beim Frühstück ihr Brot mit Möhrenaufstrich gegen das Mettwurstbrötchen ihrer Freundin tauschen. Obwohl die Fachkraft sie darauf hinweist, dass auf dem Brötchen Wurst sei und ihre Eltern nicht wollten, dass sie die isst, besteht das Mädchen darauf, das Mettwurstbrötchen zu probieren.
- Im Kinderparlament wurde beschlossen, in diesem Jahr keinen Laternenumzug zu machen, sondern stattdessen ein Lichterfest im Außengelände zu veranstalten. Mehrere Eltern äußern sich enttäuscht.

- Ein Junge bittet die Erzieherin, seinem Papa zu sagen, dass er nicht immer mit ihm schimpfen soll.

Themenbereich: Sensibilisierung für Machtmissbrauch von Erwachsenen

Die erfolgreiche Entwicklung eines Kinderschutzkonzepts hängt von den grundlegenden Einstellungen und Überzeugungen aller Beteiligten ab. Nach § 1631 (2) BGB (siehe Kapitel 2) haben Kinder ein Recht auf gewaltfreie Erziehung ohne körperliche Bestrafungen, seelische Verletzungen und andere entwürdigende Maßnahmen. Auch wenn Fachkräfte und Eltern diese normative Vorgabe teilen, kann es sinnvoll sein, dass sich alle in der Kita – Kinder, Fachkräfte und Eltern – vergegenwärtigen, welche Handlungen und Äußerungen von Erwachsenen gegenüber Kindern verletzend oder entwürdigend sein können. Die BiKA-Studie (Hildebrandt et al 2020) zeigt an zahlreichen Beispielen, wie pädagogische Fachkräfte Kinder beschämen. Was Erwachsene tun dürfen und was nicht, kann sowohl ein Thema für die Beteiligung von Kindern als auch für Elternpartizipation sein.

Konkrete Beteiligungsthemen in diesem Themenbereich können sich im Kita-Alltag wie folgt zeigen:

- Im Bauraum hat ein Junge eine Kiste mit Bauklötzen ausgeschüttet und will dann umgehend wieder den Raum verlassen. Der Erzieher stellt sich ihm in den Weg und besteht da-

rauf, dass der Junge die Bauklötze wieder einräumen soll, doch dieser weigert sich laut zeternd. Als der Vater, der seinen Sohn abholen will, dazu stößt, nimmt er den Jungen in den Arm und fragt den Erzieher, warum er mit seinem Sohn immer so furchtbar streng sei.
- Eine Mutter, die ihr Kind etwas später in die Kita bringt, bemerkt, dass vor der Nachbargruppe ein Junge allein auf dem Flur sitzt. Als sie die Fachkraft darauf aufmerksam macht, erläutert diese, dass der Junge öfter mal über die Stränge schlagen würde und sich dann erstmal auf dem Flur beruhigen müsse.
- Eine Elternvertreterin aus der Krippengruppe teilt der Einrichtungsleitung mit, dass die Eltern nicht wollen, dass der neue Erzieher allein ihre Kinder wickelt.
- Eine Großmutter, die ihr Enkelkind abholen will, droht diesem, dass es gleich was hinter die Ohren kriegen würde, wenn es weiterhin so herumtrödelt. Als die Fachkraft der Großmutter daraufhin sagt, dass Kinder nicht geschlagen werden dürfen, erwidert diese, sie solle sich nicht einmischen, das müsse sie ja schließlich mit dem Kind klären.

Themenbereich: Sensibilisierung für auffälliges Verhalten von Kindern

Kinder sind von Geburt an in der Lage, ein Unwohlsein zu äußern. Allerdings tun sie das in den ersten Lebensjahren eher auf Erwachsenen nicht sogleich verständliche Weisen: durch Laute, Mimik, Gestik, ihr Handeln oder andere physiologische Reaktionen. Ein verändertes, auffälliges Verhalten eines Kindes kann auch durch unangemessenes Verhalten einer Fachkraft in der Kita, einer Erziehungsbeteiligten aus dem familiären Umfeld oder anderer Kinder begründet sein. Solche Äußerungen des Unwohlseins und der Beschwerde von Kindern zu entschlüsseln, kann Thema von Elternpartizipation sein.

Konkrete Beteiligungsthemen in diesem Themenbereich können sich im Kita-Alltag wie folgt zeigen:
- Einer Mutter fällt auf, dass ihre Tochter nach dem Wechsel von der Krippe in die Elementargruppe wieder einnässt und sich schwer von ihr lösen kann, wenn sie sie in die Kita bringt.
- Die Eltern bemerken, dass ihr Kind beim Abholen oft auf dem Schoß einer Erzieherin sitzt. Sie haben dann den Eindruck, dass das Kind erleichtert ist, wenn sie kommen.
- Das Mädchen schaut sie nicht an, als die Erzieherin mit ihr spricht. Als die Erzieherin sie mit der Hand an der Schulter berühren will, um ihre Aufmerksamkeit zu erlangen, zuckt das Mädchen zurück.

Die Träger von Kindertageseinrichtungen haben mit den örtlichen Jugendämtern Verfahren vereinbart, die den Fachkräften Orientierung bieten, wie sie vorgehen sollen, wenn sie einen Verdacht haben, dass eine Kindeswohlgefährdung vorliegt. Diese Verfahren gehen in der Regel davon aus, dass die Fachkraft ihren Verdacht mit (mindestens) einer (ggfs. zuvor festgelegten) weiteren Fachkraft thematisiert und mit ihr nach dem Vier-Augen-Prinzip eine erste Gefährdungseinschätzung vornimmt. Kommen beide zu dem Schluss, dass der Verdacht gerechtfertigt erscheint, folgen weitere Schritte.

Die ersten, denen ein verändertes Verhalten eines Kindes auffällt, sind allerdings oftmals die Erziehungsbeteiligten aus dem familiären Umfeld. Auch sie sollten daher dazu ermutigt werden, den Verdacht auf eine Kindeswohlgefährdung bei der Einrichtungsleitung, dem Träger oder dem Jugendamt anzuzeigen.

Präventiver und intervenierender Kinderschutz gehören zu den zentralen Aufgaben von Kindertageseinrichtungen. Bei der Entwicklung und Umsetzung von Kinderschutzkonzepten bieten sich vielerlei Möglichkeiten, auch die Eltern zu beteiligen.

3.5 Beteiligungsfeld 5: Themen, die das Verhältnis von Nähe und Distanz zwischen Fachkräften und Eltern betreffen

Die pädagogische Arbeit (nicht nur) in Kindertageseinrichtungen ist gekennzeichnet durch ein Spannungsverhältnis zwischen Nähe und Distanz. Pädagogisches Handeln ist immer auch Beziehungsarbeit, die verlangt, sich auf die Adressat:innen einzulassen und Nähe aufzubauen. Gleichzeitig sind pädagogische Fachkräfte aber professionell ausgebildete Pädagog:innen, die Arbeitszeiten haben und fachlichen Standards verpflichtet sind, die auch eine professionelle Distanz zu den Adressat:innen erfordern (vgl. Thiersch 2019). Eine gute Balance zwischen Nähe und Distanz ist ein Qualitätsmerkmal professioneller pädagogischer Arbeit.

In diesem Beteiligungsfeld können folgende Themenbereiche für die Partizipation von Eltern bedeutsam sein.

Themenbereich: Umgangsformen und Kommunikationskanäle zwischen Fachkräften und Eltern

Kinder und Fachkräfte sprechen sich in der Kita in der Regel mit dem Vornamen an und duzen sich. Wenn Eltern mit ihren Kindern über die Fachkräfte sprechen, werden sie diese auch mit dem Vornamen benennen. Und da Eltern und Fachkräfte auch miteinander über sehr private Themen der Kindererziehung im Austausch sind, ist es in vielen Kitas üblich, dass auch sie sich duzen. Das macht es für die Fachkräfte unter Umständen schwerer, eine professionelle Distanz zu wahren, insbesondere wenn Mütter und Väter sich in sozialen Netzwerken abwertend über die Kita oder die Fachkräfte äußern. Deshalb bevorzugen es andere Kitas, sich mit den Erziehungsbeteiligten der Kinder zu siezen und ausschließlich über dienstliche Kanäle zu kommunizieren. Ob sich Fachkräfte und Eltern duzen wollen und welche Kommunikationskanäle sie miteinander nutzen, können Themen von Elternpartizipation sein.

Konkrete Beteiligungsthemen in diesem Themenbereich können sich im Kita-Alltag wie folgt zeigen:

- Ein Vater, der in der Kita neu ist, duzt alle Kolleg:innen, ohne zuvor ihre Einwilligung einzuholen.
- Der Träger hat in Absprache mit den Eltern eine App eingerichtet, mittels derer Fachkräfte und Erziehungsberechtigte in einem geschützten Portal miteinander kommunizieren können. Einige Eltern wollen jedoch die Push-Nachrichten nicht aktivieren, sodass die Kita die Eltern mit der App nicht unmittelbar erreichen kann.
- Eine Fachkraft erfährt, dass Eltern aus der Kita sich in einer Messenger-App über ihre pädagogische Arbeit austauschen.

Themenbereich: Persönliche Angelegenheiten von Eltern und Fachkräften

Für pädagogische Fachkräfte ist es oftmals hilfreich, ausreichend über persönliche Angelegenheiten aus dem familiären Umfeld der Kinder informiert zu sein, um diese angemessen begleiten zu können. Schwangerschaften, Erkrankungen oder Tod von Angehörigen, Scheidungen oder drohende Arbeitslosigkeit beeinflussen in der Regel auch die Gemütslagen und das Verhalten von Kindern. Andererseits gibt es viele Angelegenheiten aus dem Privatleben der Erziehungsbeteiligten, die für die pädagogische Arbeit mit den Kindern ohne Belang sind.

Ähnliches gilt für private Angelegenheiten der pädagogischen Fachkräfte. Wenn eine bevorstehende Hochzeit, die Pflege eines Elternteils oder das Auslaufen ihres Arbeitsvertrages sich auf die Ausführung ihrer pädagogischen Aufgaben auswirkt, kann es für Eltern hilfreich sein, davon zu erfahren.

Was Fachkräfte und Eltern von ihren persönlichen Angelegenheiten preisgeben wollen, obliegt aber ihnen jeweils ganz allein. Dennoch kann die Frage, was sie aus welchen Gründen jeweils voneinander wissen wollen oder nicht, ein Thema für Elternpartizipation sein.

Konkrete Beteiligungsthemen in diesem Themenbereich können sich im Kita-Alltag wie folgt zeigen:

- Eine Mutter von Zwillingen wirkt in der letzten Zeit oft sehr müde und wenig interessiert an den Anliegen der Kinder. Der Vater hat die Zwillinge schon längere Zeit nicht mehr abgeholt. Die vorsichtigen Nachfragen der Erzieherin wehrt die Mutter mit der Bemerkung ab, dass alles in Ordnung sei.
- Ein Vater klagt gegenüber einer Erzieherin über die ständigen Auseinandersetzungen mit seiner Mutter, dass er die Kinder falsch erziehen würde. Er bittet sie um Ratschläge, wie er dem begegnen soll.
- Die Leitung fällt für längere Zeit aus. Eine Mutter berichtet den Fachkräften, dass sie sie aber im Kino getroffen habe.
- Der Erzieher aus der blauen Gruppe trägt seit einigen Wochen Kleider. Manche Eltern reagieren irritiert.

Die professionelle Balance zwischen Nähe und Distanz gehört zu den Aufgaben pädagogischer Fachkräfte. Dennoch bieten sich auch hier Möglichkeiten für die Beteiligung von Eltern.

3.6 Zentrale Aspekte dieses Kapitels in Kürze

In diesem Kapitel wurden Beteiligungsbereiche aus fünf Beteiligungsfeldern vorgestellt, die für Elternpartizipation relevant sein können. Die vielen Beispiele konkreter Beteiligungsthemen, wie sie sich im Alltag von Kindertageseinrichtungen zeigen können, machen die Vielfalt der Themen, an denen Eltern in Kitas beteiligt werden können, deutlich. Angesichts der eingeschränkten Ressourcen für die Zusammenarbeit mit den Erziehungsberechtigten mag die Menge der dargestellten Themen auf viele Fachkräfte zunächst abschreckend wirken. Doch sie werden bei der Lektüre auch bemerkt haben, dass sie vielen dieser Themen im Alltag begegnen und dort immer wieder aufs Neue damit umgehen müssen. Eine Klärung der Partizipationsrechte von Eltern in den Themenbereichen, bei denen es in der jeweiligen Kita immer wieder zu Problemen kommt (siehe Kapitel 5), dürfte jedoch für Fachkräfte und Eltern eine grundlegende Orientierung zur Folge haben, die viele Dissonanzen gar nicht aufkommen lässt. Die umseitige Tabelle bietet Kita-Teams die Möglichkeit zu prüfen, welche der vorgestellten Themenbereiche in ihrer Einrichtung bearbeitet werden sollen, sowie gegebenenfalls Themenbereiche zu ergänzen, die ihnen wichtig erscheinen, hier aber keine Erwähnung fanden.

Arbeitsauftrag: Identifikation relevanter Themenbereiche für die jeweilige Einrichtung

Diskutieren und entscheiden Sie im Team:

- Welche der in der Tabelle aufgeführten Themenbereiche sind für Ihre Einrichtung so relevant, dass sie dazu die Beteiligungsrechte der Eltern klären wollen?
- Welche für Ihre Einrichtung relevanten Themenbereiche wollen Sie noch ergänzen?

Beteiligungsfelder	Themenbereiche
Beteiligungsfeld 1: Themen, die die Entwicklung des einzelnen Kindes betreffen	• Austausch über die individuellen Entwicklungen des einzelnen Kindes • Individuelle Eingewöhnung des einzelnen Kindes • Einflussnahme auf die Entwicklung des einzelnen Kindes • Individuelle Fördermaßnahmen für das einzelne Kind
Beteiligungsfeld 2: Themen, die das pädagogische Handeln der Fachkräfte in der Kita betreffen	• Pädagogische Konzeption • Körperliche Versorgung und Pflege • Pädagogische Angebote • Regeln • Raum, Material, Zeit • Transitionen • Anwesenheit von Eltern im Kita-Alltag
Beteiligungsfeld 3: Themen, die die Organisation und Struktur der Kita betreffen	• Betreuungszeiten • Aufnahme und Gruppenzugehörigkeit von Kindern • Personal • Finanzen • Zusammenarbeit im Gemeinwesen • Trägerwechsel • Besondere Einschränkungen der Organisation und Struktur
Beteiligungsfeld 4: Themen des Kinderschutzes	• Partizipations- und Beschwerderechte von Kindern • Sensibilisierung für Machtmissbrauch von Erwachsenen • Sensibilisierung für auffälliges Verhalten von Kindern
Beteiligungsfeld 5: Themen, die das Verhältnis von Nähe und Distanz zwischen Fachkräften und Eltern betreffen	• Umgangsformen und Kommunikationskanäle zwischen Fachkräften und Eltern • Persönliche Angelegenheiten von Eltern und Fachkräften

4 Mögliche Konfliktlinien bezüglich der Machtverteilung zwischen Fachkräften und Eltern

Es trägt zum Wohl der Kinder und der Kontinuität der Erziehungsprozesse bei, wenn die Zusammenarbeit zwischen Eltern und pädagogischen Fachkräften in Kindertageseinrichtungen für beide Seiten zufriedenstellend verläuft und sie sich in ihrer jeweiligen Erziehungsarbeit ergänzen. Die Kinder geraten dann seltener in Loyalitätskonflikte, können die Angebote der Kita unbefangener nutzen und Transitionen besser bewältigen. Doch in den in Kapitel 3 aufgelisteten Beispielen potenzieller Themen für Elternpartizipation im Kita-Alltag klingt bereits an, dass in dieser Zusammenarbeit vielfältige Konflikte auftreten können. Bevor in Kapitel 5 erläutert wird, wie Kita- Teams die Partizipationsrechte von Eltern in ihrer Einrichtung klären können, sollen in diesem Kapitel Konfliktlinien genauer betrachtet werden, die dabei möglicherweise auftreten. Denn ein Verständnis für die unterschiedlichen Perspektiven von Eltern und Fachkräften ebnet den Weg für eine konstruktive Ausgestaltung von Elternpartizipation.

Können Fachkräfte und Eltern bei unterschiedlichen Vorstellungen und Interessen bezüglich wesentlicher Angelegenheiten der Erziehung, Bildung und Betreuung der Kinder in der Kita kein Einvernehmen erzielen, steht die Frage im Raum, wer das Recht und die Macht hat, den jeweiligen Konflikt zu entscheiden. »Die Frage der Verteilung von Macht ist für Partizipation elementar, geht es hier doch gerade darum, wer in Kindertageseinrichtungen die Macht hat (oder haben soll), welche Entscheidungen zu fällen« (Hansen/Knauer/Sturzenhecker 2011, S. 26). Was hier im Konzept »Die Kinderstube der Demokratie« für die Beteiligung von Kindern beschrieben wird, gilt grundsätzlich auch für Elternpartizipation in der Kita.

Während aber Kinder und Fachkräfte einen großen Teil des Kita-Alltags gemeinsam verbringen, sind Mütter und Väter nach der Eingewöhnung dort eher am Rande zugegen: beim täglichen Bringen und Abholen ihrer Kinder oder bei besonderen Anlässen, zu denen sie ausdrücklich eingeladen sind.

Darüber hinaus gibt es explizit für sie anberaumte Termine wie Entwicklungsgespräche oder Elternabende. Doch auch wenn Eltern im Kita-Alltag kaum anwesend sind, sind sie stets präsent. Hinter jedem Kind steht mindestens eine erziehungsberechtigte Person, häufig ergänzt durch Verwandte, Freunde oder andere Menschen, die sich im familiären Umfeld um das Kind sorgen und auf seine Entwicklung einwirken. Wie im Folgenden beschrieben wird, unterscheiden sich die Rollen, die diese Erziehungsbeteiligten in Kindertageseinrichtungen einnehmen (können), allerdings deutlich von denen der Fachkräfte. Damit verbunden sind auch Fragen der Machtverteilung zwischen Fachkräften und Eltern. Vier Konfliktlinien bezüglich dieser Machtverteilung werden hier nachgezeichnet.

4.1 Kita als Dienstleistungsunternehmen – Eltern als Kund:innen?

In die Diskurse um Qualität in der Kinder- und Jugendhilfe flossen seit den 1990er Jahren vermehrt Begriffe aus der Wirtschaft ein (vgl. zum Folgenden Becker-Textor 1999). So wurden auch Kindertageseinrichtungen zunehmend als Dienstleistungsunternehmen verstanden, die sich an den Wünschen und Bedarfen ihrer Kund:innen, also vor allem der Eltern, die die Dienstleistung in Auftrag geben, ausrichten sollten. Mit einem solchen Verständnis der Eltern als Kund:innen (hier der Kita) sollten diese stärker als Inhaber:innen von Rechten denn als Bittsteller:innen angesehen werden. Allerdings wird kritisch angemerkt, dass das Verhältnis von Eltern und Kitas auch vom Staat mitgestaltet wird, der inhaltliche Eckpfeiler setzt und die Rahmenbedingungen, unter denen die Kitas arbeiten, gestaltet. Damit seien Eltern also gar keine wirklichen Kund:innen.

Und doch hat die Perspektive auf die Kita als Dienstleistungsunternehmen das Verhältnis zwischen Eltern und Fachkräften verändert. Heute formulieren Mütter und Väter mehr oder weniger deutlich zum Teil sehr unterschiedliche Erwartungen an die Erziehung, Bildung und Betreuung ihres Kindes in der Kita. Für die einen stehen dabei die Vereinbarkeit von Kindererziehung und Erwerbstätigkeit und somit für sie passende Betreuungszeiten, überschaubare Elternbeiträge und der beruhigende Eindruck, dass das Kind in der Kita gut aufgehoben ist, im Vordergrund. Andere erwarten dagegen in erster Linie eine gezielte Bildungsförderung des Kindes und prüfen pädagogische Konzeptionen daraufhin. Oder sie suchen Unterstützung für die eigene Erziehungstätigkeit und Kontakte zu anderen Eltern (zur Vielfalt von Familien siehe Kapitel 6). Gemäß ihres Wunsch- und Wahlrechts nach § 5 SGB VIII können Eltern die Qualität der jeweiligen Dienstleistungen unterschiedlicher Kitas vergleichen und daraufhin entscheiden, mit welcher Kita sie einen Betreuungsvertrag für ihr Kind abschließen.

So scheint ein Markt zu entstehen, auf dem die Qualität der Dienstleistungen von Kitas durch das Wechselspiel von Angebot und Nachfrage beeinflusst wird. Das mag bei Fachkräften und Eltern den Eindruck hervorrufen, dass die Macht zwischen ihnen – je nach Marktlage – unterschiedlich verteilt ist. Wenn in einem Einzugsgebiet mehrere Kitas ihre Dienstleistungen anbieten und es mehr freie Plätze als potenzielle Kund:innen gibt, könnten Kitas und ihre Träger durch diese Marktlage unter Druck geraten. Die Eltern scheinen dann über viel Macht zu verfügen, auf das Angebot der Kita und die Arbeit der pädagogischen Fachkräfte Einfluss zu nehmen, denn ihnen obliegt nicht nur die Entscheidung, ob sie ihr Kind in der Kita anmelden, sie können es auch jederzeit wieder abmelden, wenn ihnen deren Leistungen nicht (mehr) zusagen. So können sie Ansprüche an die Kita formulieren und die Tätigkeit der Fachkräfte bewerten.

Gibt es hingegen vor Ort nur eine Kita oder, wie es sich gegenwärtig vielerorts darstellt, einen Mangel an Kita-Plätzen, werden viele Eltern die Kita als mächtiger empfinden. Sie müssen sich um einen Betreuungsplatz für ihr Kind bewerben, und auch wenn die Platzvergabe nach transparenten formalen Kriterien erfolgt, können sie den Eindruck gewinnen, dabei von den Entscheidungen der Leitung oder der Fachkräfte abhängig zu sein – ein Eindruck, der sich angesichts der realen Gestaltungsmacht der Fachkräfte über das pädagogische Angebot und die Pflege und Förderung ihres Kindes in der Kita durchaus bestätigen mag.

Doch gar so einfach lässt sich die Frage der Machtverteilung zwischen Kindertageseinrichtung und Eltern nicht beantworten. Die Marktlage entscheidet – wie die Kritiker dieses Modells schon früh anmerkten – eben nicht allein über die Ausgestaltung der Dienstleistungen der Kita. Zwar kommt keine Kita umhin, sich auch an den potenziellen Kund:innen und damit an der Marktlage zu orientieren. Das Angebot der Kita wird aber neben den staatlichen Regulierungen zudem durch die Vorstellungen der Fachkräfte bezüglich der Ausgestaltung ihres Arbeitsplatzes und insbesondere durch die Grundorientierungen der Träger (wie dem »Leitbild der DRK-Kindertageseinrichtung«, Deutsches Rotes Kreuz 2008) bestimmt. Als Anbietende der Dienstleistungen beeinflussen die Kitas durch ihre spezifischen Angebote wiederum die Nachfrage.

Darüber hinaus haben sozialpädagogische Dienstleistungstheorien herausgearbeitet, dass personenbezogene Dienstleistungen (vom Haarschnitt bis zur Betreuung und Erziehung von Kindern) performativ sind, das heißt, dass sie immer in konkreten Situationen gleichzeitig produziert und konsumiert werden. »Produktion und Konsumption fallen zusammen« (Spiegel 2021, S. 36). Das aber verlangt zwingend eine Kooperation von Dienstleistungserbringer:in und Dienstleistungskonsument:in. Sie müssen sich über die Dienstleistung verständigen (vgl. Schaarschuch 2006, S. 92 ff.). Die Qualität der Dienstleistung wird daher wesentlich über die Qualität der Kooperation und der damit verbundenen Aushandlungsprozesse bestimmt – und zwar jeden Tag, in jeder Situation, in der die Dienstleistung erbracht wird, aufs Neue. Was mit dem Angebot einer spezifisch konzeptionierten Dienstleistung der Kita und der Annahme dieses Angebots durch die Mütter und Väter beginnt, muss immer wieder im Alltag von Fachkräften und Eltern gemeinsam ausgehandelt und hergestellt werden. Insofern ist Elternpartizipation ein Qualitätsmerkmal von Kindertageseinrichtungen.

4.2 Kita als öffentliche Institution – Familie als privater Raum

Die Zusammenarbeit von Eltern und pädagogischen Fachkräften in der Kita findet in einem Spannungsfeld zwischen privater und öffentlicher Sphäre statt. Jede Familie bildet einen eigenen privaten Mikrokosmos mit einer hohen Intimität und Dynamik (siehe Kapitel 6), der vom Grundgesetz (Art. 6) besonders geschützt ist. Solange Mütter und Väter nicht das Wohl des Kindes beeinträchtigen, bleibt die Art und Weise, wie sie es erziehen, weitgehend ihre Privatangelegenheit – selbst wenn sie die demokratische Orientierung für das Eltern-Kind-Verhältnis des § 1626 (2) BGB kaum realisieren. Kindertageseinrichtungen sind hingegen öffentliche Institutionen, die gesetzlich und fachlich an inhaltliche und organisatorische Vorgaben gebunden sind (siehe Kapitel 2) und deren Tätigkeit von Aufsichtsbehörden kontrolliert wird. Roger Prott und Annette Hautumm fassen diese Differenz in der These zusammen: »Erzieherinnen müssen ihre Arbeit darstellen und begründen – Eltern müssen ihr Handeln nicht rechtfertigen« (Prott/ Hautumm 2004, S. 28).

So stehen die Fachkräfte als professionelle pädagogische Expert:innen vor der Herausforderung, Müttern und Vätern, die in der Regel pädagogische Laien sind, ihre Erziehungsgrundsätze und die Art und Weise, wie sie diese didaktisch umsetzen, transparent zu machen (siehe dazu Kapitel 7) und sich gegebenenfalls mit anderweitigen Erziehungsideen der Erziehungsbeteiligten aus dem familiären Umfeld auseinanderzusetzen.

Dabei treffen in Kindertageseinrichtungen Kinder aus unterschiedlichen Familien aufeinander und verbringen dort einen gemeinsamen Alltag. Und während Mütter und Väter ihre Aufmerksamkeit darauf beschränken können, wie es ihrem eigenen Kind dort ergeht, müssen die Fachkräfte bei der Gestaltung ihrer pädagogischen Arbeit *alle* Kinder und *alle* Eltern im Blick haben.

Vor diesem Hintergrund nimmt Tanja Betz in einer kritischen Auseinandersetzung mit dem »Ideal der Bildungs- und Erziehungspartnerschaft« die damit in Verbindung gebrachte Machtteilung zwischen Eltern und Fachkräften in den Blick (vgl. Betz 2015). Betz meint, die »Ideologiefunktion des Begriffes der Partnerschaft verschleiert die gewisse ›Rechtlosigkeit‹ von Eltern in Bezug auf institutionelle Belange« (ebd., S. 33). Das Recht und die Pflicht der Fachkräfte, die pädagogische Arbeit unter Berücksichtigung gesetzlicher und fachlicher Vorgaben zu konzeptionieren, begrenzt die Möglichkeiten, Eltern über derlei wesentliche Angelegenheiten mitentscheiden zu lassen. Die Gesetzgeber verpflichten Kitas und ihre Träger zwar grundsätzlich, die Eltern zu beteiligen, überlassen es jedoch weitgehend ihnen, das Ausmaß der Beteiligung zu bestimmen. Diese ›gewisse Rechtlosigkeit‹ haben wir in Kapitel 2 herausgearbeitet. Betz kommt zu dem Schluss, dass eine wirkliche Machtteilung zwischen Fachkräften und Eltern derzeit ausgeschlossen sei und auch von vielen Fachkräften kaum angestrebt werde; zumal eine konsequente Machtteilung auch als Deprofessionalisierung gedeutet werden könne, da dann keine fachbezogenen Kompetenzen mehr notwendig seien, um pädagogische Expert:innen von Laien zu unterscheiden (vgl. ebd., S. 34).

Vorerst stellt es sich so dar, dass Fachkräfte und Eltern in Kindertageseinrichtungen unterschiedliche Rollen einnehmen: die Einen als pädagogische Expert:innen und professionelle Vertreter:innen einer Institution, die die Ausgestaltung ihrer Arbeit öffentlich verantworten und im Alltag alle Kinder gleichermaßen im Blick haben müssen, die Anderen als Privatpersonen und in der Regel pädagogische Laien, die sich allein auf ihr eigenes Kind konzentrieren können. Aufgrund dieser unterschiedlichen Rollen können sie sich kaum als Partner:innen begegnen, die gleichberechtigt und gleichmächtig die Erziehung, Bildung und Betreuung der Kinder in der Kita bestimmen und gestalten. Tanja Betz, Stefanie Bischoff-Pabst, Nicoletta Eunicke und Britta Menzel belegen denn auch in einer empirischen Studie zur Zusammenarbeit zwischen Kita und Familie »deutliche Macht- und Dominanzverhältnisse zwischen Einrichtung und Familie, bei denen es letztlich darum geht, dass sich Eltern der Institution anzupassen haben und sich, wie die Analysen zeigen, auch anpassen« (Betz et al. 2019, S. 249).

Gleichwohl wissen pädagogische Fachkräfte und Eltern, dass sich öffentliche und private Sphären im Kita-Alltag nicht eindeutig voneinander abgrenzen lassen und die diesbezügliche Rollenverteilung von Professionellen und Privatpersonen immer wieder verwischt, weil einerseits die Fachkräfte im öffentlichen Raum Kita immer auch als Privatpersonen auftreten und andererseits auch die Eltern einen gewissen ›Expert:innenstatus‹ innehaben.

So agieren pädagogische Fachkräfte in der Kita auch als Personen mit ihrem privaten Hintergrund. Pädagogisches Handeln findet immer in Beziehungen zwischen Personen statt. Es ist anders gar nicht realisierbar. Beim Eintritt eines Kindes in die Kita entsteht ein Beziehungsdreieck zwischen Fachkraft, Eltern und Kind, in dem sich die Beteiligten nicht nur in ihren unterschiedlichen Rollen, sondern auch als Personen begegnen, die so manches private Detail übereinander erfahren. Wenn es den Fachkräften dabei nicht gelingt, Nähe und Distanz professionell zu balancieren, das heißt, die eigene Person als pädagogisches »Werkzeug« (Spiegel 2021, S. 76) einzubringen, ohne die Distanz des Professionellen aufzugeben, dann steigt das Risiko, dass unterschiedliche Vorstellungen von der Erziehung, Bildung und Betreuung der Kinder sich zu Konflikten auswachsen, die – oftmals emotional aufgeladen – auf einer persönlichen Ebene ausgetragen werden.

Gleichzeitig sind nicht nur pädagogische Fachkräfte, sondern auch die Eltern Expert:innen – für ihr eigenes Kind und die Lebensumstände ihrer Familie. Sie kennen ihr Kind seit dessen erstem Lebenstag und wissen vieles, das Fachkräften helfen kann, ihre pädagogische

Arbeit an den Fähigkeiten, Interessen und Bedürfnissen des Kindes, seiner Lebenssituation und ethnischen Herkunft zu orientieren (wie es § 22 (3) SGB VIII vorgibt). Prott und Hautumm weisen in diesem Zusammenhang darauf hin, »dass die Fachlichkeit der Pädagoginnen und Pädagogen auf das Wissen und den Sachverstand der Eltern angewiesen ist« (Prott/Hautumm 2004, S. 26).

Auch wenn Fachkräfte und Eltern keine gleichberechtigten und gleichmächtigen Erziehungspartner:innen sein können, sind sie doch, so könnte man sagen, Ko-Erziehende. Sie teilen sich die pädagogische Begleitung des Kindes. Damit Kindern die immerwährenden Wechsel zwischen ihrer privaten Welt und der Kita gelingen können, ist es notwendig, dass Fachkräfte und Eltern Informationen über (für das Kind bedeutsame) Umstände und Geschehnisse in Familie und Kita austauschen und sich bezüglich ihres pädagogischen Umgangs damit abstimmen. Dabei schwingen immer die verschiedenen Erziehungsvorstellungen und die damit verbundenen Wertorientierungen von Kita und Familien mit, auch ohne dass diese explizit thematisiert werden. Tanja Betz weist darauf hin, dass dabei nicht nur eine einseitige Einmischung der Fachkräfte in familiale Belange, sondern ebenso ein systematischer Einbezug der Eltern in institutionelle Belange erfolgen sollte (vgl. Betz 2015, S. 35).

Dazu müsste jedoch die oben beschriebene ›gewisse Rechtlosigkeit‹ der Eltern überwunden werden. Wie bei der Beteiligung von Kindern (Hansen/Knauer/Sturzenhecker 2011, S. 149) liegt es auch bei der Elternpartizipation zunächst in den Händen der pädagogischen Fachkräfte, die Partizipationsrechte von Müttern und Vätern zu konkretisieren. Dabei gilt es allerdings, »Befürchtungen und Erfahrungen mit zu bedenken, dass (einzelne) Eltern, wenn sie verstärkt einbezogen werden, auch Eigeninteressen verfolgen (könnten) und auch andere (pädagogische) Ziele anstreben (könnten) als diejenigen der Fachkräfte, der Teams oder der Einrichtung. Die Herausforderung besteht darin, Prozesse und Verfahren zu institutionalisieren, die es erlauben, Mitbestimmung zu ermöglichen, hierbei die Interessen aller Eltern im Blick zu behalten und zugleich die Grenzen der Elternbeteiligung mit zu erarbeiten und zu reflektieren« (Betz et al. 2019, S. 249). In den Kapiteln 5 und 7 machen wir Vorschläge, wie solche Verfahren und Prozesse gestaltet werden könnten.

4.3 Zum Wohl des Kindes: Zusammenarbeit und gegenseitige Kontrolle

In Kapitel 3 wurden bereits Themen des Kinderschutzes als potenzielle Beteiligungsthemen für Eltern in Kindertageseinrichtungen beschrieben. Der Schutz von Kindern stellt seit jeher eine zentrale Aufgabe der Kinder- und Jugendhilfe dar, ist aber in den vergangenen zwei Jahrzehnten zunehmend in den Blickpunkt geraten. Infolge erschütternder Fälle von Kindeswohlgefährdungen und -schädigungen in Familien und einer intensiven Berichterstattung darüber in den Medien wurde 2005 durch das Kinder- und Jugendhilfeweiterentwicklungsgesetz der § 8a ins SGB VIII eingefügt. Dieser Paragraf verpflichtet auch Fachkräfte in Kindertageseinrichtungen, das staatliche Wächteramt nach Art. 6 (2) Grundgesetz wahrzunehmen.

Sozialgesetzbuch Achtes Buch – Kinder- und Jugendhilfe (SGB VIII)
§ 8a Schutzauftrag bei Kindeswohlgefährdung

(4) In Vereinbarungen mit den Trägern von Einrichtungen und Diensten, die Leistungen nach diesem Buch erbringen, ist sicherzustellen, dass

1. *deren Fachkräfte bei Bekanntwerden gewichtiger Anhaltspunkte für die Gefährdung eines von ihnen betreuten Kindes oder Jugendlichen eine Gefährdungseinschätzung vornehmen,*
2. *bei der Gefährdungseinschätzung eine insoweit erfahrene Fachkraft beratend hinzugezogen wird sowie*
3. *die Erziehungsberechtigten sowie das Kind oder der Jugendliche in die Gefährdungseinschätzung einbezogen werden, soweit hierdurch der wirksame Schutz des Kindes oder Jugendlichen nicht in Frage gestellt wird.*

In den Vereinbarungen sind die Kriterien für die Qualifikation der beratend hinzuzuziehenden insoweit erfahrenen Fachkraft zu regeln, die insbesondere auch den spezifischen Schutzbedürfnissen von Kindern und Jugendlichen mit Behinderungen Rechnung tragen. Daneben ist in die Vereinbarungen insbesondere die Verpflichtung aufzunehmen, dass die Fachkräfte der Träger bei den Erziehungsberechtigten auf die Inanspruchnahme von Hilfen hinwirken, wenn sie diese für erforderlich halten, und das Jugendamt informieren, falls die Gefährdung nicht anders abgewendet werden kann.

In der Begründung des Kinder- und Jugendhilfeweiterentwicklungsgesetzes führt der Gesetzgeber aus, dass die Kinder- und Jugendhilfe sich nicht darauf beschränken könne, die elterliche Erziehungsverantwortung durch Hilfeangebote zu unterstützen und zu ergänzen, sondern bei Anhaltspunkten für eine Gefährdung des Kindeswohls auch von Amts wegen tätig werden müsse (vgl. Tammen 2007, S. 3). § 8a (4) SGB VIII ermächtigt die Fachkräfte in Kitas (im Rahmen eines geordneten Verfahrens) zu beurteilen, ob das Kindeswohl in einer Familie gefährdet ist, in einem solchen Fall von den Erziehungsberechtigten die Inanspruchnahme von Hilfen zu verlangen und das Jugendamt zu informieren, falls die Eltern die Hilfeangebote ablehnen. Durch diese einseitige Zuweisung von Rollen (Fachkräfte, die über das Wohl des Kindes wachen, und Eltern, die es potenziell gefährden) und die damit verbundene ungleiche Machtverteilung steht diese Verpflichtung der Fachkräfte in einem deutlichen Spannungsverhältnis zu ihrem Auftrag nach § 22a SGB VIII, mit den Eltern zum Wohle des Kindes zusammenzuarbeiten.

Es ist jedoch hinlänglich bekannt, dass auch Fachkräfte das Wohl des Kindes gefährden. Nicht minder erschreckende Fälle langjährigen Machtmissbrauchs und sexualisierter Gewalt in pädagogischen Einrichtungen und die mediale Aufmerksamkeit, die auch diese erfuhren, führten dazu, dass 2012 durch das Bundeskinderschutzgesetz und 2021 noch einmal durch das Kinder- und Jugendstärkungsgesetz der § 45 SGB VIII geändert wurde.

Sozialgesetzbuch Achtes Buch – Kinder- und Jugendhilfe (SGB VIII)
§ 45 Erlaubnis für den Betrieb einer Einrichtung

(2) Die Erlaubnis ist zu erteilen, wenn das Wohl der Kinder und Jugendlichen in der Einrichtung gewährleistet ist. Dies ist in der Regel anzunehmen, wenn

[...]

4. zur Sicherung der Rechte und des Wohls von Kindern und Jugendlichen in der Einrichtung die Entwicklung, Anwendung und Überprüfung eines Konzepts zum Schutz vor Gewalt, geeignete Verfahren der Selbstvertretung und Beteiligung sowie der Möglichkeit der Beschwerde in persönlichen Angelegenheiten innerhalb und außerhalb der Einrichtung gewährleistet werden.

[...]

(3) Zur Prüfung der Voraussetzungen hat der Träger der Einrichtung mit dem Antrag

1. die Konzeption der Einrichtung vorzulegen [...]

§ 47 Melde- und Dokumentationspflichten, Aufbewahrung von Unterlagen

(1) Der Träger einer erlaubnispflichtigen Einrichtung hat der zuständigen Behörde unverzüglich [...]

2. Ereignisse oder Entwicklungen, die geeignet sind, das Wohl der Kinder und Jugendlichen zu beeinträchtigen, [...] anzuzeigen.

Seither stehen nicht nur Eltern, sondern auch Fachkräfte in pädagogischen Einrichtungen unter dem »Generalverdacht« (Bartosch 2011, S. 126), ihre Macht über Kinder zu missbrauchen und ihr Wohl zu gefährden (was nicht heißt, dass alle Erwachsenen ihre Macht missbrauchen, sehr wohl aber, dass jede:r Erwachsene jederzeit dazu in der Lage wäre und einige es tatsächlich tun).

Dementgegen fordern Prott und Hautumm dazu auf, in der Zusammenarbeit von Fachkräften und Eltern von der Prämisse auszugehen, »dass [...] fast alle Eltern und fast alle Erzieherinnen in ganz normalen Umständen leben – entsprechend dem, was die Gesellschaft an Vielfalt zulässt und was immer dies in der Realität des täglichen Lebens heißen mag« und »dass sie – bis auf wenige Ausnahmen – die Spanne des gesellschaftlich akzeptierten Umgangs mit Kindern repräsentieren« (Prott/Hautumm 2004, S. 24). Doch auch wenn diese Prämisse fast zwanzig Jahre, nachdem sie formuliert wurde, sicher immer noch zutreffend ist, hat sich die Spanne des gesellschaftlich akzeptierten Umgangs mit Kindern inzwischen deutlich verschoben. Vieles von dem, was vor zwanzig Jahren vielen noch als ›normal‹ galt, wird heute als Kindeswohl gefährdender Übergriff (zum Beispiel dem Kind verbieten aufzustehen, weil es noch nicht aufgegessen hat, es zum Schlafen zu zwingen oder es vor die Tür zu stellen) oder als Grenzverletzung (zum Beispiel eine tröstende Umarmung, obwohl dies dem Kind unangenehm ist und es dies gar nicht möchte) verstanden (vgl. LVR 2019, S. 35 ff.).

Mit der zunehmenden Sensibilisierung für physische und psychische Übergriffe geht eine vermehrte Berichterstattung über Gewalt gegen Kinder einher. Einschlägige Veröffentlichungen wie Anke Elisabeth Ballmanns Berichte über »Seelenprügel« (Ballmann 2019), denen Kinder in Kitas ausgesetzt sind, Studien über verletzendes Verhalten durch pädagogische Fachkräfte in Kitas (Boll/Remsperger-Kehm 2021; Hildebrandt et al. 2021) sowie alarmierende Untersuchungsergebnisse über die Zunahme häuslicher Gewalt während des pandemiebedingten Lockdowns (Anderberg/Rainer/Siuda 2022) erhärten den Verdacht, dass nach wie vor zahlreiche Erwachsene ihre Macht über Kinder missbrauchen.

Daher sollte das Vertrauen, mit dem Eltern ihr Kind den Fachkräften anvertrauen, wie auch jenes von Fachkräften in die pädagogischen Kompetenzen von Eltern durch eine sensible Aufmerksamkeit begleitet werden, damit beide Seiten zum Wohle der Kinder mögliche Übergriffe frühzeitig erkennen. Für die Zusammenarbeit bei der Erziehung, Bildung und Betreuung der Kinder ist es hilfreich, sich vor Augen zu führen, dass solch eine Kultur des kritischen Hinschauens Ausdruck der gemeinsamen Sorge um das Wohl der Kinder ist. Janusz Korczak brachte schon vor über 100 Jahren sein Misstrauen gegenüber allen pädagogisch Tätigen einschließlich sich selbst zum Ausdruck. Er wies darauf hin, dass Erwachsene Kindern immer wieder Unrecht zufügen würden, auch wenn sie sie lieben, und dass deshalb Institutionen notwendig wären, die Kinder davor schützen (vgl. Korczak 1919/1992, S. 353). Wenn Fachkräfte und Eltern diese selbstkritische Einschätzung Korczaks teilen, können sie solch eine Institution etablieren, indem sie im Rahmen des Kinderschutzkonzepts der Kita die vertrauensvolle Verabredung treffen, sich gegenseitig mit einem vernünftigen Maß an Wachsamkeit zu kontrollieren und jeden Verdacht auf eine Gefährdung des Wohls der Kinder offen anzusprechen.

4.4 Partizipationsrechte von Kindern – Partizipationsrechte von Eltern

Partizipation ist seit der Verabschiedung der UN-Kinderrechtskonvention im Jahr 1989 auch ein Menschenrecht von Kindern.

UN-Konvention über die Rechte des Kindes (UNKRK)
Art. 12 Berücksichtigung des Kindeswillens

(1) Die Vertragsstaaten sichern dem Kind, das fähig ist, sich eine eigene Meinung zu bilden, das Recht zu, diese Meinung in allen das Kind berührenden Angelegenheiten frei zu äußern, und berücksichtigen die Meinung des Kindes angemessen und entsprechend seinem Alter und seiner Reife.

In Deutschland ist die Kinderrechtskonvention seit der Ratifizierung im Jahr 1992 geltendes Recht und bildet sich in gesetzlichen Regelungen auf Bundes- und Landesebene ab. Sowohl pädagogische Fachkräfte in Kindertageseinrichtungen als auch Eltern sind gesetzlich verpflichtet, die Beteiligungsrechte von Kindern zu beachten (siehe Kapitel 2). Diese normativen Setzungen haben in den vergangenen Jahrzehnten zu einem Wandel pädagogischer Beziehungen sowohl in Kindertageseinrichtungen als auch in Familien beigetragen. So wurden aus traditionalen Familien mit klaren Strukturen und eindeutigen Rollenzuweisungen zunehmend Verhandlungsfamilien, in denen auch die Beziehungen zwischen Eltern und Kindern von Aushandlungsprozessen geprägt sind (vgl. Bertram 2005, S. 14). Gleichzeitig haben zahlreiche Kindertageseinrichtungen Konzepte zur Beteiligung von Kindern entwickelt und umgesetzt und auf diese Weise ihre pädagogischen Konzeptionen zum Teil grundlegend erneuert.

Im Konzept »Die Kinderstube der Demokratie« bedeutet demokratische Partizipation, über die eigenen Belange selbst und – wenn dabei die Belange von anderen berührt sind – mit bestimmen zu können. Dieses Recht von Kindern auf Selbst- und Mitbestimmung bricht sich jedoch immer wieder mit der Sorge(pflicht) der Erwachsenen für das Wohlergehen der Kinder, wenn diese zum Schutz der Kinder Entscheidungen über deren Köpfe hinweg oder sogar gegen ihren expliziten Willen treffen und durchsetzen (müssen) (vgl. Hansen 2022, S. 189). Wann solch ein Zwang gerechtfertigt sein könnte, ist allerdings allenthalben Gegenstand intensiver Reflexionen und Debatten sowohl unter den pädagogischen Fachkräften, als auch zwischen Fachkräften und Eltern.

So kann es vorkommen, dass Sorgeberechtigte ihren gesetzlichen Auftrag, die Interessen der Kinder gegenüber der Kita zu vertreten (siehe Kapitel 2) wahrnehmen und Beteiligungsmöglichkeiten für ihre Kinder einfordern, wo die pädagogischen Fachkräfte ihnen keine gewähren. Ebenso kann es aber geschehen, dass Fachkräfte den Kindern in der Kita Selbst-

und Mitbestimmungsrechte einräumen, die Mütter und Väter für unangemessen halten, weshalb sie darauf besorgt oder verärgert reagieren.

In beiden Fällen handelt es sich zunächst um Konflikte zwischen Fachkräften und Eltern, die sowohl auf das pädagogische Handeln der Fachkräfte als auch auf die Entwicklung des einzelnen Kindes bezogen werden können (siehe Kapitel 3). Wenn Fachkräfte den Kindern aber mit guten Gründen (zum Beispiel in Bezug auf die Erziehungsziele nach § 22 (2) SGB VIII: Selbstbestimmung, Eigenverantwortung und Gemeinschaftsfähigkeit) Rechte zugestehen und diese sie auch in Anspruch nehmen wollen, obwohl ihre Eltern damit nicht einverstanden sind, steht die Frage im Raum, was höher zu bewerten ist: die Rechte der Kinder oder die Rechte der Eltern. In Kapitel 5 diskutieren wir Möglichkeiten, auch solche Konflikte zu lösen.

4.5 Zentrale Aspekte dieses Kapitels in Kürze

Die Beteiligung von Eltern an den wesentlichen Angelegenheiten in der Kita kann verschiedene Konfliktlinien aufmachen. Dabei erscheint es angesichts der unterschiedlichen Rollen, die Fachkräfte und Eltern in der Kita inne haben, kaum realisierbar, die Entscheidungsmacht über Fragen der Erziehung, Bildung und Betreuung der Kinder zwischen pädagogischen Fachkräften und Eltern gleich zu verteilen. Dennoch haben die Eltern Beteiligungsrechte, und um sie in der Kita für beide Seiten befriedigend zu konkretisieren und Elternpartizipation angemessen auszugestalten, ist es ratsam, sich die möglichen Konfliktlinien bezüglich der Machtverteilung zu vergegenwärtigen.

Reflexionsaufgabe: Konflikte um die Machtverteilung in der Kita

Diskutieren Sie, welche der beschriebenen Konfliktlinien Ihnen in Ihrem Team konkret begegnen:

- Kita als Dienstleistungsunternehmen – Eltern als Kund:innen?
- Kita als öffentliche Institution – Familie als privater Raum?
- Zum Wohl des Kindes: Zusammenarbeit und gegenseitige Kontrolle?
- Partizipationsrechte von Kindern – Partizipationsrechte von Eltern?

Wie zeigen sich die konkreten Konflikte im Einzelnen?
Welche Konfliktlinien erscheinen ihnen so wichtig, dass Sie sie bei der Klärung der Partizipationsrechte von Eltern in Ihrer Kita besonders im Blick haben wollen?

5 Strukturelle Verankerung von Elternpartizipationsrechten und Beteiligungsgremien

Die Partizipationsrechte von Eltern in Kindertageseinrichtungen zu klären und strukturell zu verankern, kann dazu beitragen, Konflikte zwischen pädagogischen Fachkräften und Erziehungsbeteiligten aus dem familiären Umfeld leichter zu lösen oder gar nicht erst aufkommen zu lassen.

Die Gesetzgeber tragen es Kitas und ihren Trägern auf, Eltern an wesentlichen Entscheidungen der Erziehung, Bildung und Betreuung der Kinder zu beteiligen, überlassen es diesen aber weitgehend, Inhalte und Strukturen der Elternbeteiligung konkret auszugestalten. So stehen Fachkräfte und Eltern häufig nicht nur vor der Herausforderung, immer wieder auftretende Konflikte über die Erziehung, Bildung und Betreuung der Kinder inhaltlich auszutragen. Wenn sie dabei keine einvernehmliche Lösung erzielen, sind sie darüber hinaus gezwungen, jedes Mal aufs Neue zu diskutieren, wer bezüglich des aktuellen Konfliktthemas das letzte Wort haben soll. Auf diese Weise ist der Aufwand, zufriedenstellende Konfliktlösungen zu erreichen, oftmals hoch, was – auch angesichts der knappen Ressourcen der Fachkräfte für die mittelbare pädagogische Arbeit – wenig wünschenswert erscheint.

In derart ungeregelten Settings besteht zudem das Risiko, dass sich diejenigen willkürlich durchsetzen, die – aus welchen Gründen auch immer – über mehr Macht verfügen als andere. Dabei wird die Machtverteilung zwischen Fachkräften und Eltern in einer Kita einerseits durch ihre unterschiedlichen Rollen (siehe Kapitel 4), andererseits aber auch durch den jeweiligen Habitus der Akteur:innen, etwa ihre verbale Eloquenz oder ein mehr oder weniger durchsetzungsfähiges Auftreten, beeinflusst. Entwickelt sich die Machtverteilung dementsprechend willkürlich, verlaufen die Entscheidungsprozesse in der Regel für eine Seite unbefriedigend. Dem kann durch eine demokratische Fundierung der Beteiligung von Eltern entgegengewirkt werden. Daher empfehlen wir, als Basis eines Konzepts für Elternpartizipation einen Rechtekatalog zu erarbeiten. Solch ein Rechtekatalog beschreibt grundsätzlich, bei welchen Themen Mütter und Väter in einer Kita berechtigt sind, Entscheidungen gemeinsam mit den Fachkräften oder ohne deren Mitsprache zu treffen, und welche Entscheidungen allein den Fachkräften obliegen. Er bietet allen Beteiligten eine gemeinsame Orientierung, wer für welche Entscheidungen zuständig ist, erspart ihnen dadurch immer wiederkehrende Auseinandersetzungen über diese Frage und hemmt gleichzeitig eine willkürliche Machtausübung.

Damit ein derartiger Rechtekatalog von Fachkräften sowie Eltern anerkannt wird, sollte die Verteilung der Entscheidungsrechte für alle Beteiligten plausibel und akzeptabel gestaltet sein. Das erfordert, gut abzuwägen, wer welche Rechte erhalten soll, und es mit guten Gründen rechtfertigen zu können, wenn Entscheidungen Fachkräften oder Eltern allein vorbehalten sein sollen. In diesem Kapitel werden solche Rechtfertigungen exemplarisch vorgestellt und diskutiert.

Die strukturelle Verankerung von Elternpartizipation erfordert neben der Formulierung konkreter Beteiligungsrechte der Eltern auch die Implementierung von Gremien, die benötigt werden, damit alle Mütter und Väter ihre Beteiligungsrechte auch wahrnehmen können. In diesem Kapitel wird der Prozess der strukturellen Verankerung von Elternpartizipation anhand folgender Aspekte beschrieben:

- Wer legt die Partizipationsrechte der Eltern in der Kita fest?
- Welches Ausmaß kann die Elternbeteiligung annehmen?
- Welche Gremien braucht die Elternbeteiligung?
- Welche unhintergehbaren Selbstbestimmungsrechte haben Eltern?
- Warum haben Eltern ein umfassendes Recht auf Information?
- Information? Anhörung? Mitbestimmung? Selbstbestimmung?

5.1 Wer legt die Partizipationsrechte der Eltern in der Kita fest?

Die Kindertagesstättengesetze der Länder räumen Eltern kaum konkrete Mitbestimmungsrechte über wesentliche Angelegenheiten der Kindertageseinrichtung ein, weil Elternpartizipation nicht in die Finanzhoheit des Trägers, seine personalrechtliche Zuständigkeit und seine Selbstständigkeit in Zielsetzung und Durchführung der Aufgaben eingreifen darf (siehe Kapitel 2). Der Träger muss verantworten, was in seinen Einrichtungen geschieht, und deshalb auch entscheidungsfähig sein. Die Kindertagesstättengesetze tragen ihm jedoch grundsätzlich auf, Eltern zu beteiligen. So liegt es ebenfalls in der Verantwortung der Träger, die Beteiligungsrechte von Eltern an wesentlichen Angelegenheiten der Erziehung, Bildung und Betreuung der Kinder in der Kita konkret festzulegen.

Auch wenn also letztlich der Träger ein Konzept der Elternpartizipation verantworten muss, sollte ihm doch daran gelegen sein, Einrichtungsleitungen und Fachkräfte-Teams in den Prozess der Klärung der Beteiligungsrechte der Eltern einzubinden, denn sie sind es, die die Partizipation der Erziehungsbeteiligten aus dem familiären Umfeld vor Ort konkret gestalten müssen. Daher sollten pädagogische Fachkräfte Gelegenheit haben, ihre Wünsche, Bedenken oder Befürchtungen in Bezug auf eine Beteiligung von Eltern zum Ausdruck zu bringen; und diese sollten in angemessener Weise in das Konzept für Elternpartizipation einfließen. So werden die Fachkräfte das Konzept anschließend voraussichtlich mit mehr Überzeugung realisieren, als würde es ihnen vom Träger auferlegt. Sinnvoll und hilfreich kann es jedoch sein, wenn der Träger durch eine Rahmenkonzeption grundsätzliche Leitplanken für die Klärungsprozesse im Fachkräfte-Team absteckt, diese den Fachkräften vermittelt und deren Umsetzung im Rahmen seiner Qualitätsentwicklungsverfahren überprüft.

Klärungsprozesse im Kita-Team über Beteiligungsrechte von Eltern können unterschiedliche Positionen der Fachkräfte bezüglich der Zusammenarbeit mit den Müttern und Vätern aufdecken und intensive Auseinandersetzungen unter den Fachkräften über grundlegende pädagogische Orientierungen auslösen. Daher kann es hilfreich sein, diese Prozesse extern moderieren zu lassen[4].

Ebenso sollten Träger und Kita prüfen, auf welche Weise sie die Elternschaft selbst in die Erarbeitung und Verabschiedung des Elternrechtekatalogs einbinden – nicht zuletzt, weil die Dienstleistungen, die Kitas erbringen, Müttern und Vätern als deren Konsument:innen höchstwahrscheinlich mehr Nutzen bringen, wenn diese über die Ausgestaltung der Dienstleistungen mitentscheiden können (vgl. Schaarschuch 2006, S. 93; siehe auch Kapitel 4). Auch wenn Träger von Kindertageseinrichtungen sich letztlich selbst die Entscheidung vorbehalten müssen, welche Beteiligungsrechte Eltern in welchem Ausmaß haben sollen, ist es dennoch ratsam, den Entwurf eines Konzepts für Elternpartizipation vor dessen Verabschiedung den Eltern zumindest vorzustellen und mit ihnen zu erörtern, um anschließend gegebenenfalls noch Anpassungen vorzunehmen. Zu klären wäre dafür zudem, welche Eltern in welchen Gremien daran beteiligt werden. Die nachfolgend thematisierten Fragen nach dem möglichen Ausmaß der Beteiligung und den dafür erforderlichen Beteiligungsgremien stellen sich also bereits bezüglich der Verabschiedung des Rechtekatalogs.

5.2 Welches Ausmaß kann die Elternbeteiligung annehmen?

In Kapitel 3 werden zahlreiche mögliche Beteiligungsbereiche in fünf Beteiligungsfeldern beschrieben. Bereits diese unvollständige Liste deutet auf das breite thematische Spektrum von Elternbeteiligung hin. Für diese und weitere Themenbereiche können die Beteiligungsrechte der Eltern in einer Kita im Rahmen eines Rechtekatalogs geklärt werden. Das kann umfassend geschehen; es können aber auch (zunächst) nur einzelne Themenbereiche herausgegriffen werden, die für die Zusammenarbeit zwischen der Kita und den Müttern und Vätern (aktuell) von besonderer Relevanz erscheinen. Am Ende des dritten Kapitels laden wir Fachkräfte-Teams ein, zu prüfen, für welche Themenbereiche sie die Beteiligungsrechte der Eltern klären wollen. Diese Auswahl kann sich von Kita zu Kita deutlich unterscheiden, beeinflusst von unterschiedlichen Sozialräumen in den Einzugsgebieten

4 So hat es sich als hilfreich erwiesen, dass für die Konzepte »Die Kinderstube der Demokratie« und »Mitentscheiden und Mithandeln in der Kita« Multiplikator:innen qualifiziert wurden, um Kita-Teams dabei zu begleiten, konkrete Partizipationsrechte von Kindern in ihrer Einrichtung zu formulieren (Kontaktdaten unter: https://www.partizipation-und-bildung.de/kindertageseinrichtungen/multiplikatorinnen/). Es könnte sich als sinnvoll erweisen, diese Multiplikator:innen auch für die Klärung von Elternpartizipationsrechten zu qualifizieren.

der Kitas, der jeweils konkreten Zusammensetzung der Elternschaft (siehe Kapitel 6) oder spezifischen Bedingungen der Einrichtung.

Bei der Klärung der Beteiligungsrechte sollte beachtet werden, dass Beteiligungsrechte als demokratische Rechte nicht einzelnen Müttern und Vätern eingeräumt werden, sondern – einmal verabschiedet – für alle Eltern dieser Kita gleichermaßen gelten. Beteiligungsrechte dürfen daher auch nicht an individuelle Voraussetzungen gebunden sein. Die Wahrnehmung der Rechte durch die Eltern wiederum erfolgt stets freiwillig; sie haben das Recht, sie zu nutzen, sind aber nicht dazu verpflichtet. Partizipation beinhaltet auch das Recht, sich nicht zu beteiligen (was Eltern nicht davon befreit, mit der Unterzeichnung des Betreuungsvertrags auch spezifische Verpflichtungen gegenüber der Kita einzugehen).

Damit Eltern die Verteilung der Entscheidungsrechte, die ihnen in einem Rechtekatalog vorgelegt werden, anerkennen, sollten Träger und Kita-Team bei dessen Erarbeitung nicht von ihrem originären Recht ausgehen, über organisatorische und pädagogische Fragen in der Kita zu entscheiden, und den Eltern dann aus dieser Position gnädig hier und da ein Recht auf Beteiligung einräumen. Die Ausgangsfrage sollte vielmehr lauten, welche guten Gründe sie haben, Erziehungsbeteiligten aus dem familiären Umfeld eine Beteiligung an einer Entscheidung abzusprechen. Auf diese Weise wird nicht nur das grundlegende Recht von Eltern, an wesentlichen Entscheidungen der Erziehung, Bildung und Betreuung der Kinder in der Kita beteiligt zu werden, angemessen berücksichtigt. So schärfen die Fachkräfte gleichzeitig auch ihre Argumente, sich bestimmte Entscheidungen vorzubehalten.

Beteiligungsrechte können Eltern in unterschiedlichem Ausmaß zugestanden werden. In der auf der Seite 62 dargestellten Vier-Felder-Matrix wird unterschieden zwischen den Rechten auf Information, Anhörung, Mitbestimmung und Selbstbestimmung. Dabei ist keines dieser Rechte höher zu bewerten als ein anderes; das Ausmaß der Beteiligung sollte vielmehr der jeweiligen Fragestellung angemessen sein.

Bevor diese Rechte bezüglich konkreter Themen der Elternbeteiligung diskutiert werden, ist es hilfreich, sich vor Augen zu führen, wem bezüglich der jeweiligen Themen Rechte zugesprochen werden können: nämlich den Erziehungsbeteiligten aus dem familiären Umfeld eines Kindes (oder auch nur dessen formell Sorgeberechtigten) oder der gesamten Elternschaft (oder auch Teilen davon, etwa den Eltern einer Gruppe oder aller Vorschüler).

Beteiligungsrechte von Eltern	
Recht auf Information Die Kita (Träger, Leitung, pädagogische Fachkräfte) entscheidet allein. Die Eltern haben das Recht über die Entscheidung informiert zu werden. In den Kindertagesstättengesetzen der Länder wird dazu zum Teil formuliert, • dass die Eltern ein Recht haben, informiert zu werden (die Kita muss proaktiv informieren), • dass die Eltern das Recht haben, Auskunft zu verlangen (die Eltern müssen die Information aktiv einfordern).	Recht auf Selbstbestimmung Die Eltern eines Kindes oder (was selten der Fall sein dürfte) die Elternschaft entscheiden allein. Die Eltern eines Kindes verfügen über einige unhintergehbare Selbstbestimmungsrechte (siehe unten). Wenn die Elternschaft allein entscheidet, gilt es zu klären, • wer stimmberechtigt ist (zum Beispiel eine Stimme pro Kind), • nach welchen Regeln entschieden wird (siehe Mitbestimmung).
Recht auf Anhörung Die Kita (Träger, Leitung, pädagogische Fachkräfte) entscheidet allein. Die Eltern haben das Recht vor der Entscheidung angehört und nach der Entscheidung über das Ergebnis (unter Angabe von Begründungen) informiert zu werden. In den Kindertagesstättengesetzen der Länder wird dazu zum Teil formuliert, • dass die Eltern ein Recht haben, angehört zu werden (die Kita nimmt eine Stellungnahme der Eltern entgegen), • dass die Kita verpflichtet ist, ein Thema mit den Eltern zu erörtern (die Kita diskutiert das Thema mit den Eltern).	Recht auf Mitbestimmung Die Kita (Träger, Leitung, pädagogische Fachkräfte) und die Elternschaft entscheiden gemeinsam. Dabei gilt, dass jede:r Stimmberechtigte eine und nur eine Stimme hat. Es gilt zu klären, • wer stimmberechtigt ist, • nach welchen Regeln entschieden wird (Mehrheitsentscheidungen können mit einfacher, absoluter oder qualifizierter Mehrheit gefällt werden. Konsensentscheidungen können unter anderem bedeuten, dass entweder die Fachkräfte oder die Eltern allein entscheiden, die jeweils andere Gruppe aber zustimmen muss oder ein Veto einlegen kann).

5.3 Welche Gremien braucht die Elternbeteiligung?

Für die Beteiligung der gesamten Elternschaft bezüglich des Erziehungs-, Bildungs- und Betreuungsangebots der Kita sehen die meisten Kindertagesstättengesetze der Länder – wenn auch sehr unterschiedlich ausdifferenziert – institutionalisierte Formen vor, die im Prinzip einer übereinstimmenden Struktur folgen (siehe Kapitel 2). Auch für die individuelle Beteiligung von Eltern bezüglich der Entwicklung ihres Kindes gibt es in mehreren Kindertagesstättengesetzen formale Vorgaben (wie die Verpflichtung, den Eltern Einzelgespräche mit dem pädagogischen Personal über den Entwicklungsstand des Kindes anzubieten). Solche formalen Beteiligungsgremien sind Orte, an denen Eltern die ihnen zustehenden Rechte in Auseinandersetzung mit der Kita und/oder anderen Eltern wahrnehmen können. Da es aber stets auch Mütter und Väter gibt, die sich aus unterschiedlichen Gründen nicht in solche Gremien einbringen, wird es oftmals sinnvoll sein, sie durch weitere informelle Gremien zu ergänzen, um auch diesen Eltern Zugänge zur Beteiligung an den wesentlichen Angelegenheiten der Kita zu eröffnen.

Formale Beteiligungsgremien

Formale Beteiligungsgremien müssen die Vorgaben der jeweiligen Kindertagesstättengesetze erfüllen. In manchen Bundesländern sind diese Vorgaben sehr offen formuliert, und teilweise wird die Aufgabe, diese Gremien auszugestalten, explizit den Trägern übertragen. Wie gut Eltern die Gremien nutzen können, um ihre Partizipationsrechte wahrzunehmen, hängt maßgeblich davon ab, wie die Gremien zusammengesetzt sind, wie sie einberufen und dort Themen gesetzt werden können, nach welchen Regeln Entscheidungen getroffen und wie die Gremien didaktisch-methodisch gestaltet werden (siehe Kapitel 7). Im Folgenden wird diesen Fragen bezüglich der in den Kindertagesstättengesetzen geforderten Beteiligungsformen nachgegangen.

- Elterngespräche (individuelle Ebene): In mehreren Kindertagesstättengesetzen ist den Kitas aufgegeben, die Eltern regelmäßig zu Gesprächen über die Entwicklung ihres Kindes einzuladen. Diese Entwicklungsgespräche erfolgen in relativ großen Zeitabständen und werden von den Fachkräften zumeist gut vorbereitet geführt. Elterngespräche werden bisweilen auch von der Kita anberaumt, wenn pädagogische Fachkräfte Auffälligkeiten im Verhalten des Kindes wahrnehmen oder es zu Missstimmungen zwischen Müttern und Vätern und den Fachkräften der Kita kommt. Für die Kita nehmen in der Regel die für das Kind zuständigen pädagogischen Fachkräfte und gegebenenfalls die Einrichtungsleitung teil. Die Eltern können sich gegebenenfalls von Elternvertreter:innen begleiten und unterstützen lassen.

  Für die Partizipation von Eltern könnte es förderlich sein, wenn die Kita auch den Müttern und Vätern aktiv die Möglichkeit eröffnet, Elterngespräche zu initiieren. In manchen Kitas werden auch, ergänzend zu den täglichen Tür- und Angelgesprächen, Elternsprechstunden angeboten, die inhaltlich offen sind und regelmäßig oder nach Bedarf auf Wunsch der Eltern stattfinden.

  Die Kita könnte zudem prüfen, ob Elterngespräche auch außerhalb der Betreuungszeiten oder zu Hause in der Familie des Kindes geführt werden können. So fällt Müttern und Vätern gegebenenfalls die Beteiligung an einem Elterngespräch leichter.

  Aus dem Themenbereich: Austausch über die individuellen Entwicklungen des einzelnen Kindes

  Kommt es auf dieser Ebene zu Konflikten über die Erziehung, Bildung und Betreuung des Kindes in der Kita, stehen sich bei vielen Themen die Eltern auf der einen Seite und die pädagogischen Fachkräfte auf der anderen zunächst mit gleichem Stimmrecht gegenüber. Eine gemeinsame Entscheidung kann in solchen Fällen nur im Konsens erzielt werden. Mitbestimmung in Konsensverfahren wird Eltern insbesondere ermöglicht, wenn Entscheidungen ihre Zustimmung verlangen beziehungsweise sie dagegen ein Veto einlegen können. Das gilt es bei der Klärung von Partizipationsrechten der Eltern zu bedenken.

- Elternversammlungen (Gruppen- und Einrichtungsebene): Die meisten Kindertagesstättengesetze sehen vor, dass die Eltern regelmäßig zu Elternversammlungen eingeladen werden. Diese finden (häufig als Elternabende) auf Gruppen- oder auf Einrichtungsebene statt und stehen grundsätzlich allen Müttern und Vätern offen. Elternversammlungen können zur Information und Anhörung der Elternschaft, zur gemeinsamen Erörterung eines Themas, zur Mitentscheidung oder zur alleinigen Entscheidung der Elternschaft (je nach Zusammensetzung über Belange der Gruppe oder der ganzen Einrichtung) genutzt werden. Die Elternversammlungen wählen zudem Elternvertreter:innen, die ihre Interessen in repräsentativen Gremien wahren.

  Auch auf dieser Ebene dient es der Elternpartizipation, wenn nicht (nur) die Kita, sondern (auch) die Elternvertreter:innen zu Elternversammlungen (mit oder ohne Beteiligung der Fachkräfte) einladen können. Die Themen von Müttern und Vätern können aber beispielsweise auch einfließen, indem die Kita sie vor der Einladung abfragt.

  Bei gemeinsamen Entscheidungen sollte hier gelten, dass jedes Kind seitens der Eltern stets nur durch eine Stimme vertreten ist. Haben die Eltern auf dieser Ebene Mitbestimmungsrechte, können sie die Fachkräfte bei Mehrheitsentscheidungen stets überstimmen. Mitbestimmung kann aber auch hier durch Konsensentscheidungen mit Vetorechten für die Elternschaft und/oder die Kita umgesetzt werden.

- Repräsentative Beteiligungsgremien (Bereichs- oder Einrichtungsebene): In größeren Einrichtungen wird die Elternschaft an Angelegenheiten, die die ganze Einrichtung (oder den ganzen Krippen-, Elementar- oder Hortbereich) betreffen, üblicherweise in repräsentativen Gremien durch gewählte Vertreter:innen einzelner Gruppen beteiligt. Das gilt entsprechend für Elternvertretungen außerhalb der einzelnen Einrichtung auf Bezirks-, Kreis- oder Landesebene. In diesen Gremien werden die Interessen der Mütter und Väter gebündelt und in Entscheidungen auf den jeweiligen Ebenen eingebracht. Burghard Pimmer-Jüsten (2018) differenziert die repräsentativen Gremien auf Einrichtungsebene in Nur-Eltern-Gremien und Auch-Eltern-Gremien (siehe Kapitel 2).

  Die Struktur von Nur-Eltern-Gremien legt es nahe, dass die Eltern(vertretungen) selbst sie einberufen und die Tagesordnung festlegen können. Auch-Eltern-Gremien werden hingegen in der Regel vom Träger oder von der Kita einberufen. Partizipationsfördernd dürfte es hier wiederum sein, wenn Eltern(vertretungen) die Möglichkeit haben, ebenfalls Themen auf die Tagesordnung zu setzen und gegebenenfalls außerordentliche Sitzungstermine einzufordern.

Da die Kita und ihr Träger in Nur-Eltern-Gremien nicht stimmberechtigt vertreten sind, kann Mitbestimmung von Eltern über Fragen der Erziehung, Bildung und Betreuung der Kinder in der Kita dort nicht direkt mittels Mehrheitsentscheidungen erfolgen. Solche Gremien können aber die Zustimmung der Elternschaft zu einer Entscheidung der Kita oder das Einlegen eines Vetos dagegen (mittels Mehrheitsverfahren) beschließen. In Auch-Eltern-Gremien können hingegen verbindliche Mehrheitsentscheidungen erfolgen, wobei die Elternschaft – außer zur Zeit in Sachsen-Anhalt – nirgendwo über einen Stimmenanteil verfügt, mit dem sie allein eine Entscheidung durchsetzen könnte.

Auch wenn die pädagogischen Fachkräfte sich mühen, alle Eltern für eine Teilnahme an diesen Gremien zu gewinnen, stellen sie in der Regel fest, dass diese Angebote keineswegs alle Mütter und Väter ansprechen.

Informelle Beteiligungsgremien

Um auch Eltern, die formale Beteiligungsgremien eher meiden, zu ermöglichen, ihre Sorgen, Interessen oder Wünsche in der Kita öffentlich zu äußern und sich darüber mit anderen auszutauschen, kann es sinnvoll sein, diese Gremien durch informellere Formate zu erweitern. Das können Angebote sein, die einen informellen Austausch zwischen Müttern und Vätern oder anderen Erziehungsbeteiligten ermöglichen: zum Beispiel ein Elterncafé oder auch ein Kinoabend, bei dem zunächst gemeinsam ein Film geschaut wird. Auch spezifische Arbeitsgruppen, die sich etwa der Umgestaltung des Gartens, dem Nähen von Verkleideutensilien oder dem gemeinsamen Kochen widmen, bringen Eltern miteinander und mit den pädagogischen Fachkräften ins Gespräch. Informelle Beteiligungsgremien können auch virtuell angeboten werden, zum Beispiel im Rahmen von Online-Gesprächsrunden. Und auch Wandzeitungen oder Kita-Newsletter können Eltern Möglichkeiten bieten, sich bezüglich organisatorischer und pädagogischer Angelegenheiten in der Kita zu Wort zu melden.

Die verschiedenen Beteiligungsgremien eröffnen Eltern nur insoweit verbindliche Möglichkeiten, auf wesentliche Angelegenheiten der Kita Einfluss zu nehmen, wie ihre Partizipationsrechte konkret festgelegt sind. Dazu werden im Folgenden zunächst unhintergehbare Selbstbestimmungsrechte von Eltern sowie ihr Recht auf umfassende Information über die Erziehung, Bildung und Betreuung der Kinder in der Kita herausgearbeitet, bevor das mögliche Ausmaß weiterer Beteiligungsrechte diskutiert wird.

5.4 Welche unhintergehbaren Selbstbestimmungsrechte haben Eltern?

In der konkreten Zusammenarbeit pädagogischer Fachkräfte und Eltern kommt es immer wieder zu Unstimmigkeiten, über welche Angelegenheiten allein die Mütter und Väter zu entscheiden haben. Auch rechtlich ist diese Frage nicht immer eindeutig zu beantworten. Dennoch ist es hilfreich, etwas genauer hinzuschauen, was Gesetzgeber und Gerichte diesbezüglich vorgeben. Art. 6 (2) GG und § 1626 (1) BGB sichern Eltern das Sorgerecht für ihre Kinder zu. »Die Personensorge umfasst sämtliche Angelegenheiten, die die Person eines Kindes betreffen« (Schleicher/Nothhafft 2002/i.d.F. von 2016). Bei der Erarbeitung eines Katalogs der Partizipationsrechte von Eltern in einer Kita gilt es insbesondere zu berücksichtigen, dass die Personensorge die Pflege, Erziehung, Beaufsichtigung und Aufenthaltsbestimmung, die Einwilligung in ärztliche Behandlungen und die Geltendmachung von Datenschutzrechten des Kindes einschließt (vgl. ebd.). Auch die Selbstbestimmung der Eltern über die eigenen Daten gilt es zu beachten. Zudem verfügen Eltern gegebenenfalls auch als Funktionsträger:innen verschiedener Rechtsträger formal über alleinige Entscheidungsrechte.

Das Recht von Eltern, über den Aufenthaltsort des Kindes zu bestimmen

Das Aufenthaltsbestimmungsrecht der Sorgeberechtigten umfasst unter anderem das Recht, über den Wohnort ihrer Kinder, deren Mitgliedschaft in Vereinen und auch deren Besuch einer Kindertageseinrichtung zu bestimmen. Eltern haben das Recht zu entscheiden, ob und – aufgrund ihres Wunsch- und Wahlrechts nach § 5 SGB VIII – in welcher Kita sie ihr Kind betreuen lassen wollen (auch wenn die Wahlmöglichkeiten durch die konkreten Bedingungen vor Ort zum Teil eingeschränkt sein können).

Damit ein Kind eine Kita besuchen kann, schließen Kita und Eltern einen Betreuungsvertrag, in dem die Eltern dem Träger, vertreten durch die pädagogischen Fachkräfte, für die Zeit der Betreuung die Aufsichtspflicht übertragen (und damit »die Verpflichtung, das Kind und Dritte vor Schaden durch das Kind zu bewahren«, Schleicher/Nothhafft 2002/i.d.F. von 2016). Darüber hinaus werden im Betreuungsvertrag zahlreiche Vereinbarungen getroffen, die unter anderem die Betreuungszeiten und die Kündigungsbedingungen betreffen.

Die Sorgeberechtigten haben – anders als die Kita – jederzeit das Recht, den Betreuungsvertrag unter Wahrung der Fristen ordentlich zu kündigen. Die Kita hat laut eines Urteils des Oberlandesgerichts Brandenburg nicht das gleiche Recht einer ordentlichen Kündigung[5], weil

5 Beide Parteien haben zudem die Möglichkeit einer außerordentlichen Kündigung, für die allerdings triftige Gründe angeführt werden müssen.

solch eine Kündigung die Eltern härter treffen würde als den Träger der Einrichtung und sie dadurch unangemessen benachteiligt wären (vgl. Land Brandenburg 2021; Rechtsanwaltskanzlei Melchert 2021). Zudem muss aufgrund des Rechtsanspruchs auf Förderung in Tageseinrichtungen und Kindertagespflege nach § 24 SGB VIII bei einer Kündigung eine andere Betreuungsmöglichkeit sichergestellt werden (vgl. Redaktion Kita.de 2022).

Aus dem Themenbereich:
Besondere Einschränkungen der Organisation und Struktur

Laut Betreuungsvertrag haben die Sorgeberechtigten weiterhin das Recht, die Betreuung ihres Kindes gemäß der vereinbarten Betreuungszeit in Anspruch zu nehmen. Die Kita hat nur dann das Recht und die Pflicht, die Betreuung ganz oder teilweise einzustellen, wenn das Wohl der Kinder nicht mehr sicher gestellt werden kann, zum Beispiel aufgrund von Gesundheitsgefährdungen durch einen festgestellten Schimmelbefall der Räume oder aufgrund eines akuten Fachkräftemangels, durch den die Aufsichtspflicht nicht mehr gewährleistet werden kann (vgl. BEAK Pankow o.J.). Das verpflichtet Eltern gleichzeitig, auch ihrerseits die Betreuungszeiten einzuhalten und insbesondere ihr Kind zu den vereinbarten Zeiten pünktlich abzuholen. Erweiterte Betreuungszeiten können sie nur in Anspruch nehmen, wenn auch diese vertraglich geregelt wurden.

Aus dem Themenbereich:
Einflussnahme auf die Entwicklung des einzelnen Kindes

Wenn die Kita ihrerseits Angebote macht, die die üblichen Betreuungszeiten überschreiten (beispielsweise eine Kita-Übernachtung oder eine mehrtägige Kita-Reise), haben allein die Sorgeberechtigten das Recht, zu entscheiden, ob ihr Kind an diesen Angeboten teilnimmt. Das bleibt ihnen auch dann unbenommen, wenn die Fachkräfte der Ansicht sind, dass eine Teilnahme des Kindes an solch einem Angebot für dessen Entwicklung oder Integration in die Kindergruppe wichtig wäre.

Aus dem Themenbereich:
Betreuungszeiten

Da es keine Kita-Pflicht gibt, haben Eltern ebenso das Recht, das alltägliche Betreuungsangebot, aus welchen Gründen auch immer, einmal nicht wahrzunehmen. Ob sie jedoch das Recht haben, die täglichen Betreuungszeiten individuell zu verkürzen, also ihr Kind später in die Kita zu bringen oder früher abzuholen, oder ob die Kita stattdessen berechtigt ist, von den Eltern zu verlangen, ihr Kind während der gesamten Kernzeit in der Kita betreuen zu lassen, ist zwischen Fachkräften und Eltern, aber auch unter Eltern oftmals vehement umstritten und scheint rechtlich nicht abschließend geklärt zu sein. Diese Frage wird im Weiteren noch einmal aufgegriffen.

Das Recht von Eltern, über die Pflege und Erziehung des Kindes zu bestimmen

Pflege und Erziehung des Kindes hängen eng zusammen. Das Recht und die Pflicht von Eltern, das Kind zu pflegen, umfasst »alles [...], was dem leiblichen und seelischen Wohlergehen des Kindes dient und seine Grundbedürfnisse nach Ernährung, Bekleidung, Wohnung, Behütung und Zuwendung befriedigt« (Schleicher/Nothhafft 2002/i.d.F. von 2016). Der Erziehungsbegriff ist gesetzlich nicht definiert, sondern lediglich durch die Bestimmungen der §§ 1626 (2) und 1627 BGB gerahmt (siehe Kapitel 2). Schleicher und Nothhafft geben an, dass es dem Gesetzgeber auch mit der Formulierung des Rechts auf eine gewaltfreie Erziehung »nicht in erster Linie um die Bestrafung gewalttätigen Verhaltens als Körperverletzung, sondern um dessen Verhinderung durch präventive Beratung« (ebd.) gehe.

Aus dem Themenbereich:
Partizipations- und Beschwerderechte von Kindern

Auch die pädagogische Fachkraft, die von einem Kind gebeten wird, seinen Eltern zu sagen, dass sie nicht immer mit ihm schimpfen sollen, kann zwar mit den Eltern ins Gespräch gehen und sie im Sinne des § 16 (1) SGB VIII beraten, »wie Konfliktsituationen in der Familie gewaltfrei gelöst werden können«; weitergehende Interventionsmöglichkeiten hat sie jedoch nur, wenn das Verhalten der Eltern im formalen Verfahren einer Gefährdungseinschätzung nach § 8a (4) SGB VIII als Kindeswohlgefährdung bewertet wird.

Aus den Themenbereichen:
Körperliche Versorgung und Pflege + Regeln

Ein anderes Beispiel: In den Bildungsrahmenplänen der Länder wird vielfach der Erziehungsauftrag an Kitas formuliert, auf ein gesundes Ernährungsverhalten der Kinder hinzuwirken. Gleichwohl ist es das Recht der Eltern zu entscheiden, wie sie ihr Kind ernähren, sofern nicht eine inadäquate Ernährung als Vernachlässigung und damit als Kindeswohlgefährdung bewertet wird. Ob Mütter und Väter allerdings der Kita vorgeben dürfen, wie ihr Kind dort verpflegt werden soll, oder ob die Kita den Eltern vorschreiben kann, was sie für das Frühstück in der Kita in die Brottaschen ihrer Kinder packen, scheint wiederum rechtlich nicht abschließend geklärt zu sein. Auch diese Fragen werden im Weiteren noch einmal aufgenommen.

Bezüglich der Pflege und Erziehung der Kinder zeichnet sich ein Spannungsverhältnis zwischen Elternrechten und Kinderrechten ab. Es ist immer wieder eine große Herausforderung zu entscheiden, wann das Kindeswohl so gefährdet ist, dass ein Eingriff in das Sorge- und Erziehungsrecht der Eltern gerechtfertigt ist. Das wird auch beim folgenden Punkt noch einmal deutlich.

Das Recht von Eltern, über therapeutische Behandlungen des Kindes zu bestimmen

Es kommt immer wieder einmal vor, dass Sorgeberechtigte eine von den Fachkräften vorgeschlagene und für notwendig befundene Therapie ihres Kindes ablehnen. Dazu haben sie gemäß § 630d BGB das Recht.

Bürgerliches Gesetzbuch (BGB)
§ 630d Einwilligung

(1) Vor Durchführung einer medizinischen Maßnahme, insbesondere eines Eingriffs in den Körper oder die Gesundheit, ist der Behandelnde verpflichtet, die Einwilligung des Patienten einzuholen. Ist der Patient einwilligungsunfähig, ist die Einwilligung eines hierzu Berechtigten einzuholen [...].

(3) Die Einwilligung kann jederzeit und ohne Angabe von Gründen formlos widerrufen werden.

Aus dem Themenbereich: Individuelle Fördermaßnahmen für das einzelne Kind

Für einen Heileingriff bei einem Kind bedarf es grundsätzlich der Einwilligung der Sorgeberechtigten. Das gilt gleichermaßen für alle ärztlich verordneten Therapien, die in der Kita durchgeführt werden können. Das Recht der Eltern, über die Durchführung therapeutischer Behandlungen ihres Kindes zu entscheiden, könnte nur durch das Familiengericht durch eine »teilweise oder vollständige Entziehung der elterlichen Sorge« nach § 1666 BGB aufgehoben werden. Das Familiengericht muss in solchen Fällen eine Güterabwägung vornehmen, da für eine Entziehung der elterlichen Sorge eine Kindeswohlgefährdung hinreichend belegt werden muss. Die Ablehnung einer in der Kita durchzuführenden Therapie dürfte dafür kaum genügen.

Das Recht von Eltern, über den Umgang mit personenbezogenen Daten zu bestimmen

Laut Datenschutz-Grundverordnung der Europäischen Union (DSGVO) und Bundesdatenschutzgesetz (BDSG) haben natürliche Personen ein Recht auf informationelle Selbstbestimmung. Das heißt, dass es nur dann erlaubt ist, personenbezogene Daten aufzunehmen, zu speichern oder weiterzuleiten, wenn es dafür eine gesetzliche Grundlage gibt oder wenn die betroffene Person ihre Einwilligung erteilt.

Aus dem Themenbereich: Transitionen

Auch in Kindertageseinrichtungen bedarf eine Nutzung personenbezogener Daten der Kinder wie der Eltern, die nicht ausdrücklich gesetzlich erlaubt ist, einer Einwilligungserklärung durch die Eltern, die jederzeit widerrufen werden kann. Ohne gesetzliche

Grundlage oder Einwilligung der Sorgeberechtigten darf die Kita weder Fotoaufnahmen von den Kindern machen und präsentieren, noch schriftliche Entwicklungsdokumentationen anfertigen oder diese (zum Beispiel an die Grundschule) weiterleiten.

Das Recht von Eltern, als Funktionsträger:innen zu bestimmen

Aus den Themenbereichen:
Finanzen + Trägerwechsel

Wenn Mütter und Väter sich in Vorständen von Förder- oder Trägervereinen von Kindertageseinrichtungen (letzteres vorzugsweise bei Elterninitiativen) engagieren, haben sie das Recht, in dieser Funktion im Rahmen der jeweiligen Vereinssatzung und der Beschlüsse der Mitgliederversammlung Entscheidungen über die Geschäfte des Vereins zu fällen. In der Regel dürfte es jedoch sinnvoll sein, wenn sie die Fachkräfte der Kita an Entscheidungen über die Verwendung der Mittel eines Fördervereins oder über einen Trägerwechsel aufgrund der Auflösung einer Elterninitiative beteiligen.

Unter dem Strich verfügen Sorgeberechtigte nur über wenige unhintergehbare Rechte, die von Kitas allerdings stets zu beachten sind. Darüber hinaus sollten diese Rechte auch mitbedacht werden, wenn weitere Beteiligungsrechte geklärt werden, die mit ihnen verknüpft sind.

5.5 Warum haben Eltern ein umfassendes Recht auf Information?

Wenn Eltern ihr Kind täglich mehrere Stunden in einer Kindertageseinrichtung in die Obhut ihnen zunächst meist fremder Menschen geben, haben sie ein berechtigtes Interesse zu erfahren, wie diese Menschen pädagogisch denken und handeln und was ihrem Kind in dieser Zeit widerfährt. Dieses Wissen ermöglicht ihnen zu beurteilen, ob das Kind in der Kita ihren Vorstellungen entsprechend betreut und erzogen wird. So wird Spekulationen über die pädagogische Arbeit der Kita der Boden entzogen, und es kann sich eine sachliche Zusammenarbeit von Fachkräften und Eltern zum Wohl der Kinder und zur Sicherung der Kontinuität des Erziehungsprozesses entwickeln.

Folgerichtig wird in den meisten Kindertagesstättengesetzen der Länder explizit das Recht von Eltern ausgewiesen, über wesentliche Angelegenheiten der Erziehung, Bildung und Betreuung der Kinder in der Kita informiert zu werden oder Auskünfte zu verlangen. § 14 (1) des Berliner Kindertagesförderungsgesetzes formuliert in diesem Zusammenhang zudem, dass »Hospitationen von Eltern, ihre Anwesenheit während der Eingewöhnungsphase und ihre Beteiligung an gemeinsamen Unternehmungen […] zu fördern [sind]«.

Aus den Themenbereichen: Persönliche Angelegenheiten von Eltern und Fachkräften + Teilnahme von Eltern am Kita-Alltag

Betrachtet man die in Kapitel 3 beschriebenen potenziellen Themenbereiche für Elternpartizipation, gibt es nur sehr wenige Themen, bei denen den Eltern ihr Informationsrecht bestritten werden kann. Diese betreffen im weitesten Sinn den Schutz personenbezogener Daten. Die Fachkräfte dürfen Müttern und Vätern beispielsweise keine Auskünfte erteilen, warum die Einrichtungsleitung ins Kino gehen kann, obwohl sie bereits seit längerem nicht im Dienst war, oder welche familiären Hintergründe dazu beitragen, dass ein anderes Kind ihrem Kind plötzlich so aggressiv begegnet.

Angesichts der Fülle an Themen dürften Kindertageseinrichtungen kaum in der Lage sein, die Eltern stets so umfassend zu informieren, wie es ihnen zustünde. Daher müssen Träger und Fachkräfte immer wieder entscheiden, welche Informationen sie aktiv vermitteln und welche Auskünfte sie erst auf Nachfrage erteilen (siehe dazu Kapitel 7, Handlungsaspekt 1).

In einem Rechtekatalog könnte das Recht der Eltern auf Information beispielsweise folgendermaßen gefasst werden:

Beispiel einer Formulierung in einem Elternrechtekatalog

§ [XY] Informationen über die Erziehung, Bildung und Betreuung der Kinder

(1) Die pädagogischen Fachkräfte verpflichten sich, den Eltern alle aus ihrer Sicht notwendigen Informationen über die Erziehung, Bildung und Betreuung der Kinder in der Einrichtung zu vermitteln.

(2) Die Eltern haben das Recht, über alle weiteren Angelegenheiten der Erziehung, Bildung und Betreuung der Kinder in der Einrichtung Auskunft zu verlangen, sofern die Erteilung einer Auskunft nicht gegen Datenschutzbestimmungen verstößt.

Die wenigen unhintergehbaren Selbstbestimmungsrechte und das umfassende Informationsrecht von Eltern stecken den Rahmen der Elternpartizipation in Kindertageseinrichtungen ab. Zur Erarbeitung eines Elternrechtekatalogs klären Kitas und ihre Träger in diesem Rahmen, bei welchen Themen sie Müttern und Vätern über das Informationsrecht hinaus Anhörungs-, Mitbestimmungs- oder weitere Selbstbestimmungsrechte einräumen können und wollen.

5.6 Information? Anhörung? Mitbestimmung? Selbstbestimmung?

Die Kindertagesstättengesetze der Länder räumen den Eltern zu verschiedenen Themen (bereichen) Anhörungsrechte ein. Diese länderspezifischen Regelungen gilt es bei der Bearbeitung eines Elternrechtekatalogs zu berücksichtigen. Aber gibt es überhaupt Themenbereiche, bei denen Mütter und Väter nur informiert und nicht einmal angehört werden sollten?

Bei welchen Themen sollen die Eltern lediglich das Recht auf Information haben?

Auf der rein interaktionalen Ebene sollte es selbstverständlich sein, dass pädagogische Fachkräfte Fragen, Sorgen, Bedenken, Vorschläge oder Wünsche aller Erziehungsbeteiligten zur Erziehung, Bildung und Betreuung der Kinder in der Kita anhören und beantworten. Anhörung als formelles Beteiligungsverfahren bedeutet aber, dass die Beiträge der Eltern darüber hinaus in Entscheidungsprozesse der Kita oder des Trägers einfließen und dort sorgsam bedacht und gebührend berücksichtigt werden. Es wird jedoch immer auch Beiträge von Eltern geben, die solch eine Prüfung gar nicht erfordern, sondern durch eine (erneute) Information über einen Sachstand hinlänglich beantwortet werden (was stets achtsam und respektvoll erfolgen sollte).

Aus dem Themenbereich:
Transitionen

So werden Kitas kaum ihr Partizipationskonzept in Frage stellen, weil Eltern beim Tag der offenen Tür in der Grundschule erfahren haben, dass die Kinder aus der Kita dort als ›aufmüpfig‹ gelten, und nun in Sorge sind, dass diese es aufgrund ihrer Partizipationserfahrungen in der Kita in der Schule schwer haben werden. Die pädagogischen Fachkräfte werden zwar die Sorgen der Eltern ernst nehmen (und vielleicht auch teilen), aber dennoch (erneut) die rechtliche Verpflichtung zur Beteiligung der Kinder, das Erziehungsziel der Kinder- und Jugendhilfe (»selbstbestimmte, eigenverantwortliche und gemeinschaftsfähige Persönlichkeiten«, § 1 SGB VIII) oder das partizipative Bildungsverständnis des Bildungsrahmenplans ihres Bundeslandes erläutern. Anschließend können sie gegebenenfalls gemeinsam mit den Eltern überlegen, welche Unterstützung ein sich seiner Rechte bewusstes Kind benötigt, um auch in restriktiveren Strukturen handlungsfähig zu bleiben; und sie können besprechen, wie die Fachkräfte, gegebenenfalls mit Unterstützung der Eltern, das Thema Partizipation in der Kooperation mit der Grundschule besser vermitteln können.

Aus dem Themenbereich: Raum, Material, Zeit

Ähnlich wird es sich verhalten, wenn die Kritik von Eltern an der Anschaffung eines Buches zum Thema Sexualität als grundsätzliche Kritik am sexualpädagogischen Konzept der Einrichtung gemeint ist. Auch in diesem Fall werden die Fachkräfte sich darauf beschränken, (noch einmal) auf die rechtliche Verpflichtung, ein Kinderschutzkonzept vorzuhalten, und die Bedeutung, die die körperliche/sexuelle Bildung der Kinder für solch ein Konzept hat, hinzuweisen. Wenn die Kritik der Eltern hingegen nur auf die Anschaffung dieses speziellen Buches zielt, spricht wenig dagegen, die Mütter und Väter dazu anzuhören (das heißt, die Anschaffung aufgrund ihrer Bedenken noch einmal zu überdenken) oder sie sogar mitentscheiden zu lassen.

Aus dem Themenbereich: Sensibilisierung für Machtmissbrauch von Erwachsenen

Ein letztes Beispiel: Die Einrichtungsleitung wird, auch wenn Eltern aus der Krippengruppe einen entsprechenden Wunsch äußern, kaum erwägen, dem neuen Erzieher ohne konkreten Grund zu untersagen, Kinder zu wickeln. Vielmehr wird sie die Mütter und Väter an das Kinderschutzkonzept der Einrichtung erinnern, demnach alle Erwachsenen – Fachkräfte wie Eltern – sich gegenseitig mit einem vernünftigen Maß an Wachsamkeit kontrollieren, um einem potenziellen Machtmissbrauch vorzubeugen. Sie wird schildern, wie die Fachkräfte sich bezüglich der Wickelsituationen gegenseitig im Auge behalten, und auch die Eltern (erneut) ermuntern, konkrete Verdachtsmomente jederzeit anzusprechen – aber auf unbegründete, pauschale Vorverdächtigungen zu verzichten.

Vor allem, wenn es um grundlegende konzeptionelle Orientierungen der pädagogischen Arbeit geht, sollte Beteiligung lediglich dadurch erfolgen, dass die pädagogischen Fachkräfte die Eltern über die Sachlage informieren.

Bei welchen Themen sollen die Eltern zumindest das Recht auf Anhörung[6] haben?

Aus dem Themenbereich: Pädagogische Konzeption

Solche grundlegenden konzeptionellen Orientierungen sind Kindertageseinrichtungen in gesetzlichen Regelungen und Leitbildern der Träger vorgegeben. Und so, wie diese sich immer wieder verändern und weiterentwickeln, müssen auch die Konzeptionen der Kitas stetig fortgeschrieben werden. Da die Einrichtungskonzeption in der Regel Teil des Betreuungsvertrags ist, kommt eine Änderung der Konzeption auch einer Vertragsänderung gleich. Insofern ist es nachvollziehbar, dass viele Kindertagesstätten-

6 Es wurde bereits erwähnt, dass die Kindertagesstättengesetze zwischen Anhörung und Erörterung unterscheiden. Wir fassen diese beiden Nuancen im Folgenden unter dem Begriff Anhörung zusammen.

gesetze bei Konzeptionsänderungen eine Beteiligung der Eltern vorsehen, die über die bloße Information hinausgehen. Wenn Eltern allerdings, wie es in Sachsen-Anhalt möglich wäre (siehe Kapitel 2), durch ihr Mitbestimmungsrecht eine Änderung der Konzeption verhindern können, ist dadurch die Selbstständigkeit des Trägers in Zielsetzung und Durchführung seiner Aufgaben beeinträchtigt. Daraus könnte sich für den Träger eine missliche Situation ergeben, denn er hätte es zu vertreten, wenn durch die Mitbestimmung der Eltern gesetzliche Vorgaben oder auch fachlich gebotene Entwicklungen in den pädagogischen Konzeptionen seiner Einrichtungen nicht nachvollzogen würden. Daher wäre es verständlich, wenn Träger und Kita die Eltern (sofern das Kindertagesstättengesetz ihres Landes dies zulässt) über eine Konzeptionsänderung nicht mitentscheiden ließen, sondern sie mittels einer Anhörung beteiligen würden.

Eine Anhörung lässt Eltern in einer Angelegenheit zu Wort kommen; sie können ihre Sichtweise der Dinge darlegen, und der Träger oder die Kita verpflichten sich, die Beiträge der Eltern ernsthaft zu prüfen und fair in ihre Entscheidung einzubeziehen. Das verlangt von Träger und Kita, Eltern nur bei Themen ein Anhörungsrecht zuzugestehen, bei denen sie tatsächlich bereit und in der Lage wären, von ihren Positionen abzuweichen, wenn Eltern entsprechende Argumente vorbringen.

Reflexionsaufgabe: Informations- oder Anhörungsrechte?

Sammeln Sie auf einem Plakat spontan Themen(bereiche) der Erziehung, Bildung und Betreuung der Kinder in der Kita, bei denen Sie sich nicht bereit oder in der Lage sehen, die von Ihnen vertretenen Positionen durch Anhörung (oder gar Mitbestimmung) von Eltern in Frage stellen zu lassen.

Prüfen Sie dann für die jeweiligen Themen(bereiche), welche guten Gründe Sie vorweisen können, die es rechtfertigen, die Eltern über Entscheidungen über die von Ihnen vertretenen Positionen lediglich zu informieren.

Prinzipiell ist es bei allen in Kapitel 3 aufgezählten Themen, bei denen keine grundsätzlichen konzeptionellen Orientierungen angesprochen sind, möglich, die Eltern anzuhören. Und es dürfte für Kita-Teams auch empfehlenswert sein, sich hier offen und diskussionsbereit zu zeigen – zumal mit einer Anhörung keinerlei Risiko verbunden ist, am Ende wider besseren Wissens überstimmt zu werden. Für Eltern aber können viele dieser Themen eine wichtige Bedeutung haben. Erleben sie dann, dass die Fachkräfte bereit sind, sich mit ihren Wünschen und Sorgen bezüglich dieser Themen ernsthaft auseinanderzusetzen, schafft das Vertrauen und fördert eine konstruktive Zusammenarbeit. Die Prämisse sollte daher lauten, den Eltern so viele Anhörungsrechte wie möglich einzuräumen und sich nur dann auf eine Beteiligung durch Information zu beschränken, wenn Themen aufgeworfen werden, auf die die Eltern auf keinen Fall Einfluss nehmen können oder sollen. Das klingt zwar insgesamt zeitaufwendig, spart jedoch auch wieder Zeiten ein, die andernfalls vielleicht für unproduktive Auseinandersetzungen aufgebracht werden müssten.

Beispiel einer Formulierung in einem Elternrechtekatalog

§ [XY] Anhörung zu Themen der Erziehung, Bildung und Betreuung der Kinder

(1) Die Eltern haben das Recht, bezüglich jedes wesentlichen Themas der Erziehung, Bildung und Betreuung der Kinder in der Einrichtung eine Anhörung oder eine Erörterung des Themas in den Beteiligungsgremien zu verlangen, wenn dies nicht an anderer Stelle in diesem Rechtekatalog ausgeschlossen wird.

(2) Die pädagogischen Fachkräfte behalten sich das Recht vor, in Bezug auf Themen, die gesetzliche Vorgaben oder konzeptionelle Grundsätze des Trägers oder der Einrichtung betreffen, keine Anhörung oder Erörterung durchzuführen. Sie verpflichten sich, die Eltern über die entsprechenden gesetzlichen Vorgaben oder konzeptionellen Grundsätze angemessen zu informieren.

Wenn die Kita und ihr Träger die wenigen Themen, bei denen Eltern nur Informationsrechte, und die vielen, bei denen sie Anhörungsrechte haben sollen, klar benannt hat, bleibt zu prüfen, bei welchen Themen die Mütter und Väter über eine Anhörung hinausgehende Beteiligungsrechte erhalten sollen.

Bei welchen Themen sollen die Eltern Mitbestimmungs- oder Selbstbestimmungsrechte haben?

Im Folgenden werden exemplarisch mögliche Diskussionen über die Frage nachgezeichnet, bei welchen wesentlichen Angelegenheiten der Erziehung, Bildung und Betreuung der Kinder in der Kita es möglich und sinnvoll ist, den Eltern Mitbestimmungs- oder weitere Selbstbestimmungsrechte einzuräumen. In den dabei angedeuteten Argumentationen wird deutlich, wie komplex die Gemengelage in der Regel ist und dass es auf den Schnittstellen zwischen den vielfältigen familialen Lebenswelten und der Kita-Lebenswelt gar nicht so einfach ist, eindeutige Partizipationsrechte von Eltern zu formulieren.

Beispiel 1: Bring- und Abholzeiten

Aus dem Themenbereich: Betreuungszeiten

Dass es zwischen pädagogischen Fachkräften und Eltern bisweilen zu Konflikten führt, wenn Mütter und Väter die ihnen vertraglich zustehenden Betreuungszeiten individuell verkürzen, wurde bereits thematisiert. So führen manche Fachkräfte beispielsweise an, dass die pädagogische Arbeit gestört wird, wenn Eltern ihr Kind erst nach Beginn der Kernzeit in die Kita bringen. Aber kann es nicht aus Sicht der jeweiligen Familie gute Gründe geben, später als vorgesehen zu kommen? Weil das Kind morgens herumtrödelt und die Eltern es nicht drängen mögen, da es sich ohnehin schon zahlreichen Alltagszwängen fügen muss? Weil die Geschwister des Kindes Schulferien haben und die Familie noch gemütlich frühstückt? Oder weil die Eltern auf dem Weg zur Kita noch etwas Dringendes zu erledigen haben, wozu nach dem Bringen des Kindes keine Zeit wäre? Aber ist es deswegen den Fachkräften und den anderen Kindern zumutbar, wenn ein Vater mit seinem Kind immer wieder in den laufenden Morgenkreis hineinplatzt? Oder dass die Gruppe auf dem Weg zum Bus, mit dem sie in die Bücherei fahren will, von den Zu-spät-Kommenden aufgehalten wird, weil das Kind sich nicht so plötzlich von der Mutter lösen mag?

Auseinandersetzungen wie diese, in denen Eltern und pädagogische Fachkräfte aufgrund ihrer unterschiedlichen Rollen verschiedene Perspektiven einnehmen (siehe Kapitel 4), kommen in Kindertageseinrichtungen immer wieder vor. Dabei kann es für die jeweiligen Positionen durchaus nachvollziehbare Gründe geben. Beharrt dann eine Seite darauf, ihr vermeintliches Recht durchsetzen zu wollen, sind konstruktive Konfliktlösungen nur schwer zu erreichen.

Aus einer professionellen Distanz betrachtet, ist es daher wenig ratsam, die Eingangstür der Kita für zu spät kommende Eltern zu versperren. Das dürfte eher zu einer Eskalation des Konflikts beitragen. Andererseits können die pädagogischen Fachkräfte es aufgrund ihrer Verantwortlichkeit gegenüber allen Kindern (und ihren Eltern) auch nicht zulassen, dass pädagogische Prozesse in der Kindergruppe immer wieder durch das eigensinnige (selbstbestimmte) Handeln einer Familie gestört werden.

Hinzu kommt, dass Fachkräfte und Eltern als Ko-Erziehende auch unterschiedliche Einschätzungen haben können, wie es dem Kind selbst geht, wenn es später gebracht wird als die anderen Kinder. So können die Fachkräfte die Wahrnehmung haben, dass das Kind morgens zunächst seine vertrauten Abläufe braucht, um sich in der Kindergruppe sicher aufgehoben zu fühlen; weshalb es sich, wenn es zu spät kommt, nicht spontan von der Mutter lösen kann, um sich der Gruppe auf dem Weg zur Bücherei anzuschließen. Der Mutter mag es hingegen so vorkommen, dass die Fachkräfte sich in dieser Situation nicht genügend des Kindes annehmen.

Die Fachkräfte stehen somit vor der Frage, wie es Eltern ermöglicht werden kann, selbst zu entscheiden, ob sie ihr Kind auch einmal später bringen oder früher abholen, ohne dass dadurch die Rechte der anderen Kinder beeinträchtigt werden und das Kind selbst die Situation gut bewältigen kann. Die folgende Formulierung aus einem Elternrechtekatalog zeigt, wie dies gelingen könnte.

Beispiel einer Formulierung in einem Elternrechtekatalog

§ [XY] Bring- und Abholzeiten

(1) *Die pädagogischen Fachkräfte nehmen das Recht in Anspruch, im Rahmen der vertraglich vereinbarten Betreuungszeiten die üblichen Bring- und Abholzeiten festzulegen. Die Eltern sind aufgefordert, ihr Kind nach Möglichkeit diesen Vorgaben entsprechend in die Kita zu bringen und wieder abzuholen.*

(2) *Haben die Eltern aus ihrer Sicht wichtige Gründe, ihr Kind später zu bringen oder früher abzuholen, sind sie aufgefordert, die pädagogischen Fachkräfte darüber möglichst rechtzeitig zu informieren und mit ihnen einmalig oder vorübergehend abweichende Bring- oder Abholzeiten zu vereinbaren.*

(3) *Die pädagogischen Fachkräfte behalten sich das Recht vor, ihr aktuelle pädagogische Tätigkeit nicht unmittelbar für die Übergabe der Aufsichtspflicht zu unterbrechen, wenn Eltern ihr Kind später bringen oder früher abholen und keine abweichende Bring- oder Abholzeit vereinbart haben oder diese nicht einhalten.*

Absatz (2) dieser Formulierung legt nahe, dass Eltern, wenn sie die üblichen Zeiten nicht einhalten können oder wollen, mit den Fachkräften absprechen, wann eine Übergabe der Aufsichtspflicht in deren Tagesablauf passen könnte. Absatz (3) ist so zu verstehen, dass Eltern, die ohne solch eine Absprache in der Kita erscheinen, gegebenenfalls die Wartezeit einplanen müssen, bis von Seiten der Fachkräfte (und des Kindes) eine angemessene Übergabe vonstattengehen kann. Das kann beispielsweise bedeuten, dass sie sich gedulden müssen, bis der Morgenkreis beendet ist, oder dass sie sich zunächst gemeinsam mit ihrem Kind der Gruppe auf dem Weg zur Bücherei anschließen müssen.

Die Formulierung solcher Partizipationsrechte soll zunächst für die Fachkräfte möglichst eindeutig sein, um willkürlichen Auslegungen vorzubeugen. So entstehen häufig Texte, die nicht für alle Eltern gleichermaßen verständlich sind. Daher kann es sinnvoll sein, sie nochmals in eine einfachere Sprache zu übersetzen (siehe Kapitel 7, Handlungsaspekt 1).

Aus dem Themenbereich:
Körperliche Versorgung und Pflege

Ein anderer Themenbereich, in dem sich oftmals Konflikte zwischen Fachkräften und Eltern entwickeln, ist, wie bereits in Kapitel 3 erwähnt, die körperliche Versorgung und Pflege der Kinder in der Kita. Die drei nachfolgend diskutierten Fragestellungen bezüglich der Themen Kleidung, Schlafen und Essen zeigen, wie sinnvoll es sein kann – auch mit Blick auf das Wohl des Kindes –, die Entscheidungsrechte zwischen Fachkräften und Eltern sehr differenziert zu verteilen. Dies sind zugleich auch Themen, zu denen die Fachkräfte (zum Beispiel im Rahmen einer Kita-Verfassung) die Selbst- und Mitentscheidungsrechte der Kinder in der Kita geklärt haben sollten. Auch bezüglich dieser Themen skizzieren wir mögliche unterschiedliche Standpunkte.

Beispiel 2: Bekleidung der Kinder in der Kita

Ein Ausgangspunkt für Konflikte zwischen Fachkräften und Eltern ist häufig, dass pädagogische Fachkräfte den Kindern in der Kita bezüglich der Frage, wie sie sich kleiden, wenn sie draußen spielen, Partizipationsrechte einräumen (wollen). Diese Konflikte können sich entfachen, weil Fachkräfte und Eltern die Kompetenzen der Kinder, angemessen für sich selbst zu sorgen, unterschiedlich einschätzen. Um Kinder über ihre Bekleidung im Außenbereich selbst bestimmen zu lassen, müssen Erwachsene ihnen diese Eigenverantwortung zutrauen und gegebenenfalls auch zumuten. Konflikte können auch entstehen, weil Eltern sich sorgen, dass die Fachkräfte um der Partizipation der Kinder willen ihrem Fürsorgeauftrag nicht genügend nachkommen. Denn auch, wenn sie ihnen Selbstbestimmungsrechte eingeräumt haben, dürfen Erwachsene Kinder nicht sich selbst überlassen, sondern müssen aufmerksam beobachten, wann die Kinder ihre Unterstützung benötigen, um sich nicht selbst zu gefährden. Wenn Mütter und Väter also beklagen, dass ihr Kind immer wieder krank würde, weil die Fachkräfte es draußen ohne Jacke oder Mütze herumlaufen ließen (weswegen sie in der Folge nicht zur Arbeit gehen könnten), dann stellen sie in Frage, dass die Fachkräfte die Kompetenzen der Kinder richtig einschätzen, und/oder unterstellen ihnen, sich nicht mit der nötigen Fürsorge um die Kinder zu kümmern.

Aber werden Kita-Kinder wirklich so oft krank, weil sie sich ohne Jacke draußen aufhalten? Bringen sie nicht eher so viele Infektionen mit nach Hause, weil in der Kita viele Menschen auf engem (gut beheiztem) Raum aufeinandertreffen, sodass sich Keime gut verbreiten können? Aber dennoch: Sind Mütter und Väter nicht die Expert:innen für ihr Kind, die am besten wissen, was es braucht? Eben beim Draußen-Spielen eine Jacke oder eine Mütze, weil das Kind sich so leicht erkältet oder Mittelohrentzündungen bekommt? Sind die Fachkräfte nicht auf solche Informationen von den Eltern angewiesen, um das Kind angemessen begleiten zu können? Sollten sie sich deshalb nicht auch besser an deren Vorgaben halten? Aber können Eltern wirklich am Morgen eine Prognose abgeben, welche Kleidung für ihr Kind im Verlauf des gesamten Kita-Tages die richtige ist? Müssen darüber nicht vielmehr die pädagogischen Fachkräfte situationsangemessen entscheiden können (und auch darüber, wie sie Kinder an diesen Entscheidungen beteiligen)? Zum Beispiel, wenn die Sonne trotz anders lautender Wettervorhersage im Laufe des Tages doch herauskommt und das Kind mit Jacke und Mütze beim Fußballspielen arg ins Schwitzen gerät?

Die Sorgeberechtigten übertragen den pädagogischen Fachkräften jeden Tag aufs Neue mit der Aufsichtspflicht die Verpflichtung, das Kind (und Dritte) vor Schaden durch das Kind zu bewahren. Dazu müssen die Fachkräfte immer wieder beurteilen, wann das Kind droht, sich einen Schaden zuzufügen, vor dem sie es bewahren müssen. Es gibt unzählige Situationen, in denen nicht nur Sorgeberechtigte und pädagogische Fachkräfte, sondern auch Mütter und Väter oder Eltern und Großeltern solche Risiken unterschiedlich einschätzen: ob es darum geht, wie hoch Kinder auf Bäume klettern, unter welchen Umständen sie mit Hämmern und Sägen hantieren oder wann sie draußen ohne Jacke und Mütze unterwegs sind. Um angesichts solcher Situationen handlungsfähig zu sein, muss, wer immer gerade die Aufsichtspflicht hat, jederzeit selbst die Entscheidung treffen können, ob ein Risiko besteht, das zum Eingreifen zwingt, um das Kind zu schützen.

Pädagogische Fachkräfte sind zudem einer Erziehung zu selbstbestimmten, eigenverantwortlichen (und gemeinschaftsfähigen) Persönlichkeiten verpflichtet (§ 1 SGB VIII) und müssen Kinder an allen sie betreffenden Entscheidungen entsprechend ihrem Entwicklungsstand beteiligen (§ 8 SGB VIII). Sie haben somit den Auftrag, Kindern auch Möglichkeiten zu selbstbestimmtem Handeln zu eröffnen. Das beinhaltet auch zu beurteilen, welche Entscheidungen sie die Kinder selbst treffen lassen können und welche nicht.

Pädagogische Fachkräfte haben letztlich immer zu verantworten, wie sie ihre Aufträge, Kinder zu beteiligen und gleichzeitig zu schützen, wahrnehmen. Deshalb tun sie gut daran, das Recht zu beanspruchen, beispielsweise über die Bekleidung der Kinder während ihres Aufenthalts in der Kita ohne verbindliche Vorgaben der Eltern, aber unter Beteiligung der Kinder zu entscheiden. Um diesbezüglich angemessen handeln zu können, ist es jedoch stets ratsam, die Eltern etwa in Hinblick auf besondere Bedarfe ihres Kindes anzuhören. Und um das Vertrauen der Mütter und Väter zu gewinnen, dass die Fachkräfte ihr Kind in dieser Frage angemessen begleiten, ist es ebenso ratsam, die Eltern gut zu informieren, auf welche Weise Fachkräfte und Kind im Einzelnen welche Entscheidungen getroffen haben. In diesem Zusammenhang kann ein Katalog der Beteiligungsrechte der Kinder in der Kita, wie er zum Beispiel in einer Kita-Verfassung erarbeitet wird[7], auch den Erziehungsbeteiligten aus dem familiären Umfeld eine grundsätzliche Orientierung über die Selbst- und Mitbestimmung der Kinder bieten.

---

7 In einer Kita-Verfassung können die Partizipationsrechte der Kinder bezüglich ihrer Bekleidung in der Kita beispielsweise folgendermaßen formuliert sein:

»§ 12 Kleidung

(1) Jedes Kind hat das Recht, selbst zu entscheiden, wie es sich in den Innenräumen kleidet. Die pädagogischen Mitarbeiterinnen und Mitarbeiter behalten sich jedoch das Recht vor zu bestimmen,

1. dass in der Einrichtung keine schmutzigen Straßenschuhe getragen werden dürfen,
2. dass die Kinder im Flur Hausschuhe tragen müssen.

(2) Jedes Kindergartenkind und jedes Krippenkind, das bereits sicher aufrecht gehen kann, hat das Recht, selbst zu entscheiden, wie es sich bei trockener Witterung im Außengelände kleidet.

(3) Jedes Kindergartenkind hat das Recht, selbst zu entscheiden, wie es sich bei feuchter Witterung im Außengelände kleidet, sofern für das Kind ausreichend Wechselkleidung zur Verfügung steht und es sich an mit den pädagogischen Mitarbeiterinnen und Mitarbeitern abgesprochene Verhaltensregeln in Bezug auf seine Kleidung hält.

(4) Die pädagogischen Mitarbeiterinnen und Mitarbeiter behalten sich das Recht vor, die Rechte nach Absatz (1) bis (3) einzuschränken, wenn aus ihrer Sicht eine aktuelle Gesundheitsgefährdung aufgrund der Bekleidung des Kindes besteht.

(5) Die pädagogischen Mitarbeiterinnen und Mitarbeiter behalten sich das Recht vor zu bestimmen, dass die Kinder bei bestimmten Tätigkeiten besondere Schutzkleidung tragen müssen.«

(Hansen/ Knauer 2015, S. 249 f.)

In einem Elternrechtekatalog könnten sich diese Überlegungen beispielsweise wie folgt abbilden.

Beispiel einer Formulierung in einem Elternrechtekatalog

§ [XY] Bekleidung der Kinder in der Kita

(1) Die pädagogischen Fachkräfte nehmen das Recht in Anspruch, unter Beteiligung der Kinder im Rahmen ihrer in der Kita-Verfassung ausgewiesenen Partizipationsrechte über die Bekleidung der Kinder während des Aufenthalts in der Kita zu entscheiden. Sie verpflichten sich,

  1. *die Eltern bezüglich des allgemeinen und akuten gesundheitlichen Zustandes ihres Kindes anzuhören und die so erhaltenen Informationen bei Entscheidungen über die Bekleidung des Kindes zu berücksichtigen,*
  2. *die Eltern zu informieren, wenn das Kind ungewöhnliche Entscheidungen über seine Bekleidung trifft und die Fachkräfte dies zulassen.*

(2) ...

Beispiel 3: Schlafen der Kinder in der Kita

Auf den ersten Blick erscheint es sinnvoll, Eltern in Bezug auf das Schlafen ihres Kindes in der Kita ähnlich begrenzte Partizipationsrechte einzuräumen wie beim Thema Kleidung. Pädagogische Fachkräfte sind auch hier gehalten, unter Beteiligung der Kinder individuell zu entscheiden, ob, wann und wie lange sie jeweils schlafen. Kinder zum Schlafen zu zwingen, gilt als Übergriff, der traumatisierende Wirkung haben (vgl. LVR 2019, S. 38) und deshalb angezeigt und bestraft werden kann (vgl. ebd., S. 33). Und auch auf die gesundheitsschädlichen Wirkungen von Schlafmangel wird in diesem Kontext immer wieder verwiesen (vgl. Kramer/Gutknecht 2018, S. 26). Viele Fachkräfte gestehen Kindern deshalb inzwischen das Recht zu, selbst über Zeitpunkt und Länge ihres Schlafs in der Kita zu befinden. Dennoch wünschen oder verlangen vor allem manche Mütter und Väter von Krippenkindern zeitweise von den Fachkräften, ihr Kind zu wecken, wenn es zu lange schläft, oder es am Einschlafen zu hindern, falls es (zu spät) schlafen möchte.

Aber ist es gerechtfertigt, wenn Kindertageseinrichtungen solche Forderungen von Eltern unter Verweis auf die Rechte des Kindes und den Vorrang des Kindeswohls zurückweisen und darauf beharren, unter keinen Umständen ein Kind zu wecken? Sicher, der Alltag in der Kita ist aufgrund der vielen Reize für (Krippen)kinder oft anstrengender als das Wochenende in der Familie; und pädagogische Fachkräfte sollten dafür Sorge tragen, dass jedes Kind ausreichend viel Schlaf bekommt. Deshalb sollten sie sich zunächst auch das Recht vorbehalten, darüber unter Beteiligung der Kinder zu entscheiden. Wenn Mütter und Väter allerdings klagen, dass ihr Kind abends nicht ins Bett findet oder nachts für längere Zeit wach ist und sich dann morgens nur schwer wecken lässt, sollte auch in Betracht gezogen werden, dass dies mit den ausgiebigen Schlafphasen in der Kita zusammenhängen kann. Wenn Eltern ihr Kind dann nicht beliebig lange ausschlafen lassen können, weil sie zur Arbeit gehen und das Kind zuvor (pünktlich) in die Kita bringen müssen, müssen sie ihr Kind gegebenenfalls sogar in einer Tiefschlafphase wecken. So widerfährt dem Kind das, was die Fachkräfte ihm am Nachmittag in der Kita ersparen wollten, stattdessen am Morgen in der Familie.

Die Entscheidung, ob, wann und wie lange ein Kind in der Kita schläft, wirkt sich – anders als die Entscheidung über die Bekleidung des Kindes in einer bestimmten Situation – unmittelbar auf den gesamten Tagesverlauf des Kindes und seiner Familie aus. Daher sollten Fachkräfte und Eltern ihr Vorgehen bezüglich der Schlafphasen des Kindes so abstimmen, dass das Schlafbedürfnis des Kindes über den ganzen Tag gesehen möglichst gut erfüllt wird. Dazu ist ein gewisses Maß an Mitbestimmung von Eltern über den Schlaf ihres Kindes in der Kita unumgänglich. Die folgende Formulierung aus einem Elternrechtekatalog versucht dieses Maß zu erfassen.

Beispiel einer Formulierung in einem Elternrechtekatalog

§ [XY] Schlafen der Kinder in der Kita

(1) Die pädagogischen Fachkräfte nehmen das Recht in Anspruch, unter Beteiligung der Kinder im Rahmen ihrer in der Kita-Verfassung ausgewiesenen Partizipationsrechte über den Schlaf der Kinder während des Aufenthalts in der Kita zu entscheiden.

(2) Die pädagogischen Fachkräfte verpflichten sich, mit den Eltern ein abgestimmtes Vorgehen bezüglich der Schlafphasen des Kindes zu vereinbaren, wenn aus Sicht der Eltern der Nachtschlaf des Kindes durch die Schlafphasen in der Kita beeinträchtigt wird. Die Vereinbarung bedarf der Zustimmung der Eltern. Die pädagogischen Fachkräfte behalten sich auch im Falle einer solchen Vereinbarung das Recht vor,

1. *kein Kind wachzuhalten, das aus ihrer Sicht Schlaf benötigt,*
2. *Kinder nicht in einer Tiefschlafphase zu wecken.*

Mit dieser Formulierung wird betroffenen Eltern ermöglicht, zeitweise Einfluss auf die Gestaltung der Schlafphasen ihres Kindes in der Kita zu nehmen, während die Fachkräfte sich gegebenenfalls verpflichten lassen, das Kind unter bestimmten Umständen doch einmal zu wecken. Die Fachkräfte behalten sich aber grundsätzlich vor, ein Kind auch gegen den Wunsch der Eltern schlafen zu lassen, wenn dieses schlafen möchte und die Fachkräfte dies für notwendig erachten, sowie Kinder nur dann zu wecken, wenn dies (in einer REM-Schlaf-Phase, vgl. Kramer/Gutknecht 2018, S. 26) auf sanfte Weise gelingen kann. Diese Regelung umgrenzt einen Raum, in dem Fachkräfte und Eltern sich zum Wohl des Kindes die Verantwortung für dessen Schlaf teilen können.

Beispiel 4: Mahlzeiten der Kinder in der Kita

Aus dem Themenbereich:
Regeln

Auch die Frage, was die Kinder in der Kita essen dürfen, ist Anlass für vielfältige Konflikte zwischen Fachkräften und Eltern. Viele Kindertageseinrichtungen verfügen über Ernährungskonzepte, die neben der Ernährungsbildung auch Anforderungen an eine bedarfsgerechte Ernährung umfassen. Kinder sollen dabei unterstützt werden, ein gesundes Essverhalten zu entwickeln, und gleichzeitig gesund ernährt werden. Was gesunde Ernährung ist, definieren wissenschaftliche Qualitätsstandards wie die der Deutschen Gesellschaft für Ernährung (vgl. DGE 2022). Solche Ernährungskonzepte können vor allem dann erfolgreich umgesetzt werden, wenn Kita und Elternhaus dabei zusammenwirken. Deshalb informieren die Fachkräfte Mütter und Väter unter anderem, welche Speisen laut solcher Qualitätsstandards geeignet sind, um die Brottaschen der Kinder damit zu füllen. Im familiären Umfeld gibt es jedoch immer wieder Erziehungsbeteiligte, die sich nicht an diese Vorschläge der Kita halten.

Doch welche Handhabe haben pädagogische Fachkräfte, Eltern zur Beachtung dieser Empfehlungen zu bewegen, wenn diese trotz mehrfacher Erinnerungen ihrem Kind immer wieder wenig gesunde Speisen mitgeben? Dass solch ein Verhalten der Eltern eine hinreichende Begründung für eine außerordentliche Kündigung des Betreuungsvertrags darstellt, darf wohl bezweifelt werden. Und sich deshalb dem Kind gegenüber abfällig über die Speisenauswahl der Eltern zu äußern, oder ihm gar zu untersagen zu essen, was seine Eltern ihm eingepackt haben, wäre in keinem Fall gerechtfertigt. Das würde das Kind in einen Loyalitätskonflikt bringen.

Aber kann die Kita überhaupt das Recht beanspruchen, Müttern und Vätern vorzuschreiben, womit sie die Brottasche ihres Kindes bestücken, wenn doch die Personensorge und damit auch die Entscheidung, wie das Kind ernährt wird, den Eltern obliegt (solange eine diesbezügliche Kindeswohlgefährdung nicht hinreichend belegt ist)? Es zählt zwar zu den Aufgaben pädagogischer Fachkräfte, die Erziehungsbeteiligten über das Ernährungskonzept der Kita zu informieren und ihnen gegebenenfalls auch Vorschläge für eine gesunde Ernährung der Kinder zu unterbreiten. Aber sie werden es hinnehmen müssen, wenn diese davon abweichende Vorstellungen haben. Die folgende Formulierung aus einem Elternrechtekatalog trägt diesem Umstand Rechnung.

Beispiel einer Formulierung in einem Elternrechtekatalog

§ [XY] Mahlzeiten der Kinder in der Kita

(1) Die Eltern haben das Recht, selbst zu entscheiden, welche Nahrungsmittel sie ihrem Kind für das Frühstück in der Kita mitgeben. Sie sind jedoch aufgefordert, sich bei der Auswahl der Speisen an die Empfehlungen des Ernährungskonzepts der Kita zu halten.

(2) ...

Alternativ könnte die Kita erwägen, das Frühstück für die Kinder künftig selbst zuzubereiten, sodass sie die Entscheidung über die Speisenauswahl selbst treffen könnte. Allerdings würde solch eine Umstellung wiederum die Zustimmung der Eltern erfordern, weil damit eine Veränderung der vertraglichen Vereinbarungen verbunden wäre. In einigen Kindertagesstättengesetzen der Länder ist eine Änderung der Art und des Umfangs der Verpflegung zudem an die Zustimmung der repräsentativen Elternbeteiligungsgremien gebunden.

Dass den Sorgeberechtigten das Recht zusteht zu entscheiden, wie ihr Kind ernährt wird, wirft weiterhin die Frage auf, ob Mütter und Väter nicht sogar der Kita vorgeben dürfen, wie ihr Kind dort verpflegt werden soll.

Die Verpflegung der Kinder in der Kita ist in der Regel ein zusätzliches Angebot des Kita-Trägers, über das er mit den Eltern im Rahmen des Betreuungsvertrags eine Vereinbarung schließt. Darin werden üblicherweise ärztlich bescheinigte Lebensmittelunverträglichkeiten erfasst, die bei der Speisenauswahl individuell berücksichtigt werden. Häufig ist dort auch eine vegetarische Alternative vorgesehen, wenn Fleisch oder Fisch serviert werden. Zudem sichern Träger, in deren Einrichtungen ein hoher Anteil der betreuten Kinder aus muslimischen Familien stammen, oftmals zu, grundsätzlich kein Schweinefleisch anzubieten.

Aber müssen Kitas und ihre Träger es leisten, darüber hinaus weitere individuelle Wünsche von Eltern bezüglich der Ernährung ihres Kindes zu erfüllen? Beispielsweise, wenn Eltern wünschen, dass nur Fleisch von geschächteten Tieren oder überhaupt keine tierischen Produkte verwendet werden? Wer wollte es Trägern verwehren, wenn sie kein geschächtetes Fleisch benutzen, weil sie sich dem Deutschen Tierschutzbund anschließen, der das betäubungslose Schlachten als Tierquälerei ablehnt (Deutscher Tierschutzbund e.V. o.J.)? Oder wenn sie nicht bereit sind, die ihnen anvertrauten Kinder den Risiken auszusetzen, die eine vegane Ernährung laut Bundeszentrum für Ernährung (2019) für Kleinkinder mit sich bringt?

Art und Umfang der angebotenen Ernährung werden also durch das Angebot der Kita und die Annahme des (gegebenenfalls angepassten) Angebots durch die Eltern vertraglich geregelt. Dennoch kann die Speisenauswahl Bestandteile umfassen, die manche Eltern als Nahrung ihres Kindes ablehnen. Und auch die Brottaschen der anderen Kinder können solche Bestandteile enthalten. So kann es sich ergeben, dass Kinder entgegen den Vorstellungen ihrer Eltern solche Speisen zu sich nehmen (wollen). In Kapitel 4 wurde bereits die Frage aufgeworfen, wie pädagogische Fachkräfte handeln sollten, wenn sich in solchen Situationen Kindeswille und Elternwille scheinbar unvereinbar gegenüberstehen.

Zunächst einmal sollten die Fachkräfte sich eingestehen und den Eltern vermitteln, dass es stets geschehen kann, dass sie es übersehen, wenn ein Kind etwas zu sich nimmt, das es eigentlich nicht essen soll. Schließlich können sie ihre Aufmerksamkeit während einer Mahlzeit nicht auf alle Kinder zugleich richten. Aber was tut eine Fachkraft, wenn sie ein Kind überzeugter Vegetarier beobachtet, wie es beim Frühstück sein Brot mit Möhrencreme gegen das Mettwurstbrötchen der Freund:in eintauschen will? Wenn dem Kind dadurch eine gesundheitliche Gefährdung droht, wird sie gewiss einschreiten. Doch wie reagiert sie, wenn das Kind dadurch ›nur‹ gegen religiöse oder ethische Vorstellungen seiner Eltern verstößt, die die Fachkraft vielleicht nicht einmal teilt? Wegzusehen und so zu tun, als habe die Fachkraft die Situation gar nicht bemerkt, verbietet sich genauso, wie den Tausch mit der Bemerkung zuzulassen, dass Fachkraft und Kind Mama und Papa davon ja nichts erzählen müssten. In beiden Fällen würde sich die Fachkraft illoyal den Eltern gegenüber verhalten, zumindest im zweiten würde sie zudem das Kind in einen Loyalitätskonflikt bringen. Pädagogische Fachkräfte werden sich in solchen Situationen also für Eltern und Kinder gleichermaßen verlässlich positionieren müssen.

Dazu dürfte es sinnvoll und hilfreich sein, wenn ein Fachkräfte-Team und/oder der Einrichtungsträger im Rahmen der Klärung der Partizipationsrechte von Kindern und von Eltern abwägen, was aus ihrer Sicht dafür oder dagegen spricht, dem Kindeswillen oder dem Elternwillen nachzugeben. Müssen sie die Kinder nicht selbst entscheiden lassen, was sie essen wollen, wenn sie sie im Rahmen der Ernährungsbildung zu einem selbstbestimmten und eigenverantwortlichen Umgang mit der Nahrungsaufnahme befähigen wollen und sollen? Sollten Kinder nicht das (Partizipations)Recht haben, selbst zu bestimmen, ob, was und wie viel sie essen? Oder wiegt das (Sorge)Recht von Eltern, über die Ernährung ihres Kindes zu entscheiden, auch in solchen Situationen schwerer? Letzteres würde von einer

Fachkraft in der oben diskutierten Situation verlangen, dass sie den Tausch mit dem Hinweis unterbinden müsste, dass der Belag des Brötchens aus Fleisch bestehe und die Eltern des Kindes nicht wollten, dass es das isst. Würde hingegen der Selbstbestimmung des Kindes Priorität eingeräumt, könnte die Fachkraft das Kind zwar auf den Wunsch seiner Eltern hinweisen, müsste aber zulassen, wenn das Kind sich trotzdem für das Mettwurstbrötchen entscheiden würde. Wie auch immer diese Frage in einer Kita beantwortet wird: die Eltern sollten wissen, wie die Fachkräfte in solch einer Situation zu handeln gedenken, und sich darauf verlassen können, dass sie es dann auch tun.

Die wenigen hier vorgestellten Beispiele zeigen, wie aufwendig eine Klärung von Mitbestimmungs- und Selbstbestimmungsrechten von Eltern bezüglich wesentlicher Angelegenheiten der Kita sein kann. Aber warum sollten sich Kitas und ihre Träger dieser Mühe unterziehen, wenn doch die gesetzlichen Vorgaben erfüllt werden können, indem die wenigen unhintergehbaren Selbstbestimmungsrechte von Eltern beachtet und sie ansonsten umfassend über die Erziehung, Bildung und Betreuung ihrer Kinder informiert und gegebenenfalls dazu angehört werden?

Warum es sich lohnt, Mitbestimmungs- und Selbstbestimmungsrechte von Eltern zu klären

Wenn pädagogische Fachkräfte die Erziehungsbeteiligten aus dem familiären Umfeld über die konzeptionelle Ausrichtung ihres pädagogischen Handelns und die jeweils konkrete Umsetzung mit den Kindern gut informieren, zeigen sie ihnen nicht nur, wie es ihrem Kind im Kita-Alltag ergeht. Indem sie ihre pädagogische Arbeit darstellen und begründen, ermöglichen sie Müttern und Vätern gleichzeitig, das Handeln der Fachkräfte an den konzeptionellen Versprechungen der Kita zu messen und kritisch zu hinterfragen. In Anhörungsverfahren stellen sich die Fachkräfte möglicher Kritiken der Eltern und sind gefordert, ihr Handeln zu rechtfertigen. Doch die Entscheidung, ob sie etwas ändern, obliegt allein den Fachkräften und dem Träger.

In Kapitel 3 haben wir erwähnt, dass viele der dort aufgezählten potenziellen Beteiligungsthemen ein hohes Konfliktpotenzial bergen, weil Eltern – aus ihrer Perspektive oftmals durchaus nachvollziehbar – dazu Mitbestimmungs- oder Selbstbestimmungsrechte beanspruchen, während pädagogische Fachkräfte sich gesetzlichen Vorgaben oder fachlichen Standards verpflichtet sehen. Solche Unstimmigkeiten lassen sich nicht immer durch bloße Anhörungen besänftigen.

In solchen Fällen kann es sich auszahlen, wenn Kitas und ihre Träger den Eltern so weit, wie es geht, entgegen kommen. Das aber erfordert, sich dem mühsamen Klärungsprozess zu stellen und differenziert zu prüfen, wann sie die Beteiligung von Eltern nicht auf Informations- oder Anhörungsrechte beschränken müssen, sondern ihnen darüber hinaus – vielleicht nur in Detailfragen – Mitbestimmung oder Selbstbestimmung zugestehen können.

Aus dem Themenbereich: Körperliche Versorgung und Pflege

Eine strukturelle Verankerung von Elternpartizipation, die die Beteiligungsmöglichkeiten von Erziehungsbeteiligten aus dem familiären Umfeld maximal auslotet, wird in vielen Fällen dazu beitragen, Konflikte zwischen Fachkräften und Eltern zu minimieren. Aber dennoch wird es weiterhin Mütter und Väter geben, denen ihre Mitentscheidungsrechte über das pädagogische Geschehen in der Kita nicht genügen. Wenn diese dann beispielsweise ihr Kind morgens in der Garderobe nachdrücklich ermahnen, eine Jacke anzuziehen, wenn es rausgeht, weil sie es nicht akzeptieren können, dass die Fachkräfte das Kind an solchen Entscheidungen beteiligen, bringen sie die Fachkräfte in eine schwierige Situation. Denn diese können es einerseits nicht zulassen, dass das Kind durch das Handeln des Elternteils in einen Loyalitätskonflikt gerät, andererseits aber auch ihr fachlich begründetes pädagogisches Handeln nicht durch die Erziehungsvorstellungen einzelner Eltern bestimmen lassen. Solche Konflikte, in denen trotz aller Bemühungen der pädagogischen Fachkräfte mit einzelnen Eltern keine Einigung über die Verteilung der Entscheidungsrechte in der Kita erzielt werden kann, sind in der Regel kaum zu lösen. In solchen Fällen kann die letzte Lösung darin bestehen, mit den Eltern anzusprechen, ob es nicht besser wäre, den Betreuungsvertrag aufzulösen.

5.7 Zentrale Aspekte dieses Kapitels in Kürze

Partizipationsrechte von Eltern in der Kindertageseinrichtung zu klären, stellt sich als eine noch größere Herausforderung dar, als die Selbst- und Mitbestimmungsrechte von Kindern festzulegen. Mütter und Väter bringen, wenn sie ihr Kind in der Kita anmelden, bereits unhintergehbare Selbstbestimmungsrechte mit. Zudem haben sie ein umfassendes Informationsrecht über wesentliche Angelegenheiten der Erziehung, Bildung und Betreuung ihrer Kinder. Und sie sollten bei möglichst vielen Themen Anhörungsrechte haben, es sei denn, sie könnten ohnehin keinen Einfluss auf eine Entscheidung nehmen.

Vor allem bei Themen, bei denen sich Mütter und Väter nicht damit zufrieden geben, angehört zu werden, lohnt es sich für Kitas und ihre Träger, differenziert zu prüfen, welche über eine Anhörung hinausgehenden Mitbestimmungs- oder Selbstbestimmungsrechte sie den Eltern einräumen können, ohne dadurch gesetzliche Vorgaben, trägerspezifische Grundsätze oder fachliche Standards in Frage stellen zu lassen. So kann nach und nach ein immer umfassenderer Elternrechtekatalog entstehen, der einen »systematische[n] Einbezug der Eltern in institutionelle Belange« ermöglicht, wie Tanja Betz (2015, S. 35; siehe Kapitel 4) ihn für erforderlich hält.

6 Die Vielfalt von Familien und deren Bedeutung für Elternpartizipation

In Kindertageseinrichtungen spiegelt sich die soziale und kulturelle Vielfalt der Gesellschaft in Deutschland, sowohl bezüglich der Lebensformen und Lebenslagen, der Familienmodelle als auch der Bildungs- und Berufsbiographien der Eltern (vgl. Herrmann/Sauerhering/Völker 2018, S. 5).

Wenn pädagogische Fachkräfte möglichst vielen Erziehungsbeteiligten aus dem familiären Umfeld Beteiligung an wesentlichen Angelegenheiten der Erziehung, Bildung und Betreuung der Kinder in der Kita ermöglichen wollen, sind sie gefordert ihnen nicht nur entsprechende Rechte zuzugestehen, sondern Elternpartizipation auch didaktisch-methodisch so zu gestalten, dass alle Mütter und Väter sich auch real beteiligen können (siehe Kapitel 7). Voraussetzung dafür ist, dass sich pädagogische Fachkräfte mit der Vielfalt der Lebensentwürfe und -realitäten der Eltern in ihrer Kita auseinandergesetzt haben. Daher beschreiben wir im Folgenden einige Aspekte dieser Vielfalt und skizzieren ihre Bedeutung für Elternpartizipation.

6.1 Zur Vielfalt von Familienformen

Wie Personensorgeberechtigte mit ihren Kindern und gegebenenfalls weiteren Erziehungsbeteiligten zusammenleben, kann sehr unterschiedlich sein. Die Bandbreite reicht vom alleinerziehenden Elternteil über zusammenlebende gleichgeschlechtliche Eltern, verheiratete und unverheiratet zusammenlebende beziehungsweise getrenntlebende Mütter und Väter bis hin zu Pflegefamilien, Wohn- oder Hausgemeinschaften. Für das einzelne Kind ist das Lebenssetting, in dem es lebt, Normalität und sollte auch in der Kita als solche betrachtet werden. Auch wenn in Deutschland verheiratete Eltern mit 70 Prozent die häufigste Familienform darstellen (vgl. Bundesministerium für Familie, Senioren, Frauen und Jugend 2020, S. 9), sind Unterschiede keine Besonderheiten. Sie zu akzeptieren, bedeutet zuzulassen, dass unsere Gesellschaft vielfältig ist und diese Tatsache als Normalität anzunehmen (vgl. Prott/Hautumm 2004, S. 24).

Die Vielfalt der Familienformen geht einher mit einem veränderten Verständnis von Familie. Unter Familie wird in der Regel eine Konstellation verstanden, die durch Verbundenheit geprägt ist und mindestens ein Kind und ein Elternteil umfasst (vgl. Peuckert 2007, S. 36). Zugespitzt kann man sagen: »Familie ist heute für die Mehrheit dort, wo auch Kinder sind – unabhängig von der Lebensform der Eltern« (Bundesministerium für Familie, Senioren, Frauen und Jugend 2020, S. 36). Zur Familie gehören die Personen, die für die Menschen, die in einer Familie zusammenleben, relevant sind, auch unabhängig von Verwandtschaftsbeziehungen.

Für die Partizipation der an der Erziehung eines Kindes im familiären Umfeld Beteiligten in der Kita ist es wichtig, dass pädagogische Fachkräfte die vielfältigen Familienformen, die in ihrer Einrichtung vertreten sind, kennen und in ihrem Handeln berücksichtigen.

- Vielfalt von Familien als Normalität sichtbar machen: An der Wand im Gruppenraum hängen Bilder, auf denen die Kinder ihre Familien gemalt haben. Schon auf den ersten Blick wird deutlich, wie unterschiedlich die Familien dieser Kinder sind. Während auf einigen Fotos nur zwei Menschen zu sehen sind, drängeln sich auf anderen Bildern viele Personen. Auf einigen Bildern sind auch Hunde oder Katzen zu sehen und sogar eine Schlange.

Die Fachkräfte können die unterschiedlichen Menschen, die in einer Familie für die Erziehung eines Kindes bedeutsam sind, nur einbinden, wenn sie um sie wissen. Für ein Kind kann es beispielsweise wesentlich sein, dass auch der Großvater oder die Nachbarin, die für das Kind wichtige Vertraute sind, zum Sommerfest der Kita eingeladen werden.

In diesem Zusammenhang sollten pädagogische Fachkräfte auch sensibel dafür sein, wie die verschiedenen Erziehungsbeteiligten in der Kita angesprochen werden. So kann es für Alleinerziehende unpassend sein, wenn sie immer unter dem Begriff Eltern subsummiert werden. Gleichgeschlechtliche Partner:innen mögen sich an der Bezeichnung Mütter und Väter stören, und die Tante eines Kindes, die als Personensorgeberechtigte vollumfänglich für das Kind sorgt, wünscht sich vielleicht noch eine andere Bezeichnung.

6.2 Zur Vielfalt von Lebenslagen, Lebenswelten und Familienalltagen

Neben den verschiedenen Familienformen sollten pädagogische Fachkräfte, die Eltern beteiligen wollen, auch die vielfältigen Lebenslagen, Lebenswelten und Familienalltage der Mütter und Väter und ihrer Kinder berücksichtigen. Unter Lebenslage versteht man die Bedingungen, unter denen Menschen leben, und unter Lebenswelt die Art und Weise, wie sie mit diesen Lebenslagen umgehen und ihren individuellen Familienalltag gestalten.

Lebenslagen: Als Lebenslage gelten »die materiellen und immateriellen Lebensbedingungen« (Kraus 2016, S. 107) eines Menschen. Über welche finanziellen Mittel, sozialen Ressourcen (wie ein unterstützendes Netzwerk) oder kulturellen Möglichkeiten (wie Bildung oder Sprachen) verfügt eine Familie, um ihr Leben gut zu bewältigen und auch Kindern ein gutes Aufwachsen zu ermöglichen? Bourdieu beschreibt dies als ökonomisches, soziales und kulturelles Kapital von Menschen, deren Verfügbarkeit unterschiedlich verteilt ist und von den sozialen Positionen, der Herkunft oder auch weiteren individuellen Voraussetzungen abhängt (vgl. Bourdieu 1983, S. 183f.).

Auch die Armutsforschung greift auf das Lebenslagenkonzept zurück. Aktuelle Forschungsbefunde verdeutlichen, wie eingeschränkt und benachteiligt sich die Lebenslagedimensio-

nen des Wohnens, der kulturellen Entfaltung sowie der Freizeitmöglichkeiten für Kinder aus armen Familienverhältnissen darstellen (vgl. Butterwegge 2017). 2021 lebten 20,8 Prozent der Kinder und Jugendlichen unter der Armutsgefährdungsschwelle (WSI o.J.).

Lebenswelten: Von den Lebenslagen kann allerdings nicht unmittelbar darauf geschlossen werden, wie Menschen mit diesen unterschiedlichen Bedingungen umgehen und welche Möglichkeiten sie in diesen für eine erfolgreiche Lebensbewältigung finden. Familien entwerfen auf der Grundlage ihrer Lebenslagen ihre persönlichen Wirklichkeiten, ihre Lebenswelt. Der Begriff Lebenswelt beschreibt »die subjektive Wirklichkeit eines Menschen, welche dieser unter den Bedingungen seiner Lebenslage konstruiert« (Kraus 2016, S. 106 f.).

Wie vielschichtig Werteorientierungen und Lebensbewältigungsstrategien innerhalb der klassischen Ober-, Mittel- und Unterschichten sein können, zeigt unter anderem die Sinus-Milieu-Studie »Eltern unter Druck« (Merkle/Wippermann 2008). Mütter und Väter aus den verschiedenen Milieus haben unterschiedliche Vorstellungen von guter Elternschaft und wenden unterschiedliche Strategien an, um ihren Kindern eine gute Mutter oder ein guter Vater zu sein.

Familienalltage: Zur Lebenswelt gehört auch die Art und Weise, wie Familien ihren Familienalltag konkret gestalten. Familiensoziolog:innen bezeichnen dies als ›doing family‹. Der Begriff besagt, dass es kein ›natürliches‹ Familienhandeln gibt, »vielmehr bestimmen immer sozio-kulturelle Kontexte und Vorstellungen darüber mit, wie Familie gelebt wird. Familie stellt eine gemeinsame Leistung der Akteur:innen nach innen und nach außen dar, die identitätsstiftenden Charakter hat« (Jurczyk et al. 2009, S. 1 f.).

Auch in Familien, deren Lebenslagen zunächst ähnlich erscheinen, kann der Familienalltag sehr unterschiedlich gestaltet sein (vgl. Jurczyk 2014, S. 127): Wie gelingt es, Berufstätigkeit und Familienalltag miteinander zu vereinbaren? Wer macht was im Haushalt? Wie werden die verschiedenen Bedürfnisse der Familienmitglieder zum Beispiel in Bezug auf Freizeitgestaltung miteinander in Einklang gebracht? Wie werden Weihnachten oder Geburtstage gefeiert? Jede Familie hat andere Gewohnheiten, Regeln und Rituale. Ein gelingender Familienalltag ist eine gute Basis für das Aufwachsen von Kindern. Dabei wandeln sich die Anforderungen, die sich Eltern in den verschiedenen Lebensphasen ihrer Kinder stellen. Eltern von Krippenkindern stehen anderen Herausforderungen gegenüber als Eltern von schulpflichtigen Kindern.

Unterschiedliche (und einem Wandel unterzogene) Lebenslagen, Lebenswelten und Familienalltage beeinflussen auch die Erziehungsvorstellungen von Müttern und Vätern sowie deren Möglichkeiten und Interessen, sich an wesentlichen Angelegenheiten der Erziehung, Bildung und Betreuung der Kinder in der Kita zu beteiligen. Dies sollten pädagogische Fachkräfte bei der Gestaltung von Elternpartizipation stets im Blick haben.

Reflexionsaufgabe: Vielfalt von Familien in der Kita

Sammeln Sie auf zwei Plakaten:

- In welchen Familienformen leben die Eltern und Kinder in Ihrer Kita?
- Was wissen Sie über die Lebenslagen der Familien?

Tauschen Sie sich im Team darüber aus, wie die unterschiedlichen Familien vor dem jeweiligen Hintergrund Ihrer Wahrnehmung nach ihren Familienalltag gestalten.

Welche Aspekte wollen Sie bei der didaktischen Planung von Elternpartizipation besonders berücksichtigen?

6.3 Zur Vielfalt von Erziehungsvorstellungen

Auch Erziehungsziele und -praxen in den Familien sind vielfältig. Neben den unterschiedlichen Lebenslagen, Lebenswelten und Familienalltagen haben darauf die Erfahrungen aus der eigenen Erziehung einen besonderen Einfluss, an denen Mütter und Väter anknüpfen oder von denen sie sich bewusst absetzen möchten. Auch gesellschaftliche Diskurse über Pädagogik beeinflussen das Erziehungsverhalten von Eltern. So lässt sich in der familialen Erziehung schon länger beobachten, dass Erziehungsstile weniger autoritär und stärker demokratisch ausgerichtet sind (siehe Kapitel 4). Körperliche Bestrafungen, seelische Verletzungen und andere entwürdigende Erziehungsmaßnahmen sind aufgrund der zunehmenden Bedeutung von Kinderrechten verboten (siehe Kapitel 2). Und auch Erziehungsziele und -praxen der pädagogischer Fachkräfte in der Kita sind vielfältig. Als professionell Agierende sind sie jedoch stärker an gesetzliche und fachliche Vorgaben gebunden als Mütter und Väter.

Erziehung ist immer normativ. Das pädagogische Handeln wird immer auch durch Erziehungsziele und -grundsätze bestimmt. § 1 SGB VIII benennt eine »Erziehung zu einer selbstbestimmten, eigenverantwortlichen und gemeinschaftsfähigen Persönlichkeit« als Recht von Kindern. Welche konkreten Erziehungsziele und -praxen damit verbunden sind, muss in jeder Kita konkret geklärt werden und zwar nicht nur innerhalb des Fachkäfte-Teams. »Diese Diskussion muss zugleich und in geeigneter Weise mit den Eltern geführt werden« (Laewen/Andres 2002, S. 57). Dazu gehört auch zu klären, was eine demokratische Praxis in der Kita – in der pädagogischen Arbeit mit den Kindern und in der Zusammenarbeit mit den Eltern – konkret ausmacht.

In solchen Auseinandersetzungen über Erziehungsziele und -praxen kann es sowohl unter den Eltern als auch unter den Fachkräften sowie zwischen Fachkräften und Eltern sehr unterschiedliche Vorstellungen geben (siehe auch Kapitel 5). Elternpartizipation zu gestalten, verlangt von pädagogischen Fachkräften, verschiedene Standpunkte zuzulassen, Streit zu ermöglichen, gemeinsame Lösungen zu suchen oder verschiedene Standpunkte nebeneinander stehen zu lassen – solange sie demokratische Regeln nicht verletzen. Letzteres verweist auf Grenzen demokratischer Verständigung mit Eltern in der Kita. Wenn Eltern sich in undemokratischer Weise äußern oder verhalten, sind die Fachkräfte gefordert, sich dagegen eindeutig zu positionieren (siehe Handlungsaspekt 7 in Kapitel 7).

6.4 Zur Vielfalt der Beteiligungserwartungen an die Kita

Die Vielfalt der Eltern geht auch einher mit einer Vielfalt an Erwartungen an die Kindertageseinrichtung und unterschiedlichen Wünschen der Mütter und Väter in Bezug auf ihre Beteiligung. Während sich einige Eltern möglichst viel Beteiligung erhoffen, empfinden andere diese eher als Last und sind froh, wenn die Fachkräfte Entscheidungen ohne sie treffen. Wie unterschiedlich die elterlichen Anforderungen an die Kita sind, fasst Renate Thiersch in vier »Erwartungsmodi« (Thiersch 2006, S. 95 ff.) von Müttern und Vätern zusammen:

- Identifikation: Eltern möchten möglichst umfassend über die Ereignisse und Abläufe in der Kindertageseinrichtung informiert sein und fragen kritisch nach. Sie sehen in der pädagogischen Fachkraft vor allem eine:n persönliche:n Vertraute:n ihres Kindes und würden selbst auch gern eine persönliche Beziehung mit ihr eingehen.
- Delegation: Eltern wünschen sich aufgrund unterschiedlicher Motive (wie starker beruflicher Anspannung oder anderweitiger Wünsche nach Entlastung) vor allem knappe Informationen über wichtige Angelegenheiten in der Kita und möglichst wenig Anforderungen an sie selbst. Sie delegieren die Erziehung und Bildung ihres Kindes für die Zeit des Kita-Besuchs an die pädagogischen Fachkräfte und verstehen diese vor allem als professionelle Pädagog:innen, mit denen sie eher geschäftlich verkehren.

- Beratungsbedürftigkeit: Eltern erhoffen sich von den Fachkräften Beratung in Fragen der Erziehung ihres Kindes und/oder ihrer eigenen Lebensführung.
- Unterstützung: Eltern suchen nach Möglichkeiten, die pädagogische Arbeit der Einrichtung aktiv zu unterstützen.

Auch wenn sich diese idealtypisch skizzierten Erwartungen in der Praxis immer wieder kreuzen, wird doch deutlich, dass Eltern sich in Abhängigkeit von ihren Erwartungen auch den Beteiligungsangeboten der Kita gegenüber sehr unterschiedlich verhalten werden. Ob Mütter und Väter Beteiligungsangebote der Kita annehmen, liegt letztlich in ihrer Entscheidung. Partizipation ist für Eltern (wie für Kinder) immer freiwillig.

6.5 Zentrale Aspekte dieses Kapitels in Kürze

Damit Mütter und Väter sich in der Kita tatsächlich beteiligen können, sind sie darauf angewiesen, dass ihre spezifischen Lebensrealitäten bei der Art und Weise der Gestaltung von Partizipation berücksichtigt werden. Das bedeutet, dass pädagogische Fachkräfte bei der konkreten Planung von Elternpartizipation die (sich verändernden) konkreten Familienformen sowie Lebenslagen und Lebenswelten der Eltern ihrer Kinder berücksichtigen sollten. Das beinhaltet auch den Austausch über Erziehungsziele und -praxen und die Bedeutung demokratischer Partizipation (der Kinder und der Erwachsenen).

7 Didaktisch-methodische Gestaltung von Elternpartizipation

Wenn Kitas und ihre Träger die Beteiligungsrechte der Erziehungsbeteiligten aus dem familiären Umfeld grundsätzlich geklärt haben (siehe Kapitel 5), verfügen sie über eine wichtige Grundlage für Elternpartizipation. Damit sich dann die konkreten Eltern der jeweiligen Einrichtung tatsächlich beteiligen können, müssen sie nicht nur um ihre Beteiligungsrechte wissen, sondern gegebenenfalls auch auf verschiedenen Ebenen dabei unterstützt werden, sich einzubringen. Allen Müttern und Vätern Zugänge zu den Inhalten, Formen und Prozessen der Beteiligung zu eröffnen, verlangt von pädagogischen Fachkräften auch, in ihrem Handeln auf die Vielfalt der Familien (siehe Kapitel 6) didaktisch-methodisch einzugehen.

Angesichts der knappen Zeitressourcen der Fachkräfte für die mittelbare pädagogische Arbeit mag es herausfordernd klingen, nicht nur die Beteiligungsrechte der Eltern in einem aufwendigen Prozess differenziert zu klären, sondern die Beteiligung der Mütter und Väter auch noch didaktisch-methodisch vorzubereiten. Doch ein Konzept für Elternpartizipation, das beide Aspekte beinhaltet, kann die Fachkräfte auch entlasten, weil sich dadurch die Zusammenarbeit mit Eltern verbessern und so mancher Konflikt vermieden werden kann.

In diesem Kapitel werden sieben Aspekte didaktisch-methodischen Handelns pädagogischer Fachkräfte vorgestellt, die es Eltern erleichtern, sich in der Kita zu beteiligen:

- Handlungsaspekt 1: Transparenz
  Wie können pädagogische Fachkräfte Eltern wesentliche Angelegenheiten der Kita transparent machen?
- Handlungsaspekt 2: Partizipationsthemen
  Wie können pädagogische Fachkräfte Themen zu Partizipationsthemen für Eltern machen?
- Handlungsaspekt 3: Demokratische Verfahren
  Wie können pädagogische Fachkräfte Eltern in Meinungsbildungs- und Entscheidungsprozessen unterstützen?
- Handlungsaspekt 4: Einzelne Eltern und gesamte Elternschaft
  Wie können pädagogische Fachkräfte zwischen Einzelinteressen von Eltern und der Elternschaft als Ganzem demokratisch vermitteln?
- Handlungsaspekt 5: Respektvolle Interaktion
  Was sollten pädagogische Fachkräfte beachten, wenn sie mit Eltern respektvoll interagieren wollen?
- Handlungsaspekt 6: Emotionen
  Wie können pädagogische Fachkräfte die emotionalen Aspekte von Elternpartizipation angemessen berücksichtigen?
- Handlungsaspekt 7: Über Demokratie sprechen
  Warum sollten pädagogische Fachkräfte miteinander und mit Eltern über Demokratie sprechen?

Im Folgenden werden die jeweiligen Handlungsaspekte kurz begründet und Möglichkeiten der Umsetzung durch pädagogische Fachkräfte anhand von Beispielen konkretisiert. Die Differenzierung didaktischer Anforderungen in sieben Handlungsaspekten ermöglicht es, sich mit einzelnen Aspekten gezielt zu beschäftigen und doch die Komplexität der Gestaltung von Elternpartizipation im Blick zu behalten. Die ausgewählten Beispiele können als Anregungen für die Entwicklung eigener methodischer Bausteine dienen.

7.1 Handlungsaspekt 1: Transparenz

Wie können pädagogische Fachkräfte Eltern wesentliche Angelegenheiten der Kita transparent machen?

Eltern haben ein umfassendes Recht auf Information (siehe Kapitel 5). Dabei geht es zunächst um grundsätzliche Informationen über die Kita: ihre pädagogische Konzeption, Organisation und Struktur und anderes mehr. Auch um sich an wesentlichen Angelegenheiten der Kita orientiert beteiligen zu können, sind Mütter und Väter auf vielerlei Informationen angewiesen. Sie müssen wissen, bei welchen Themen sie Rechte auf Information, Anhörung, Selbst- oder Mitentscheidung haben. Sie müssen wissen, wie sie ihre Interessen einbringen können und wie Themen verhandelt werden. Sie brauchen inhaltliche Informationen, zum Beispiel über die rechtlichen und fachlichen Hintergründe der Themen, die aktuell verhandelt werden. Transparenz bezüglich dieser und vieler weiterer Zusammenhänge herzustellen, ist der Ausgangspunkt für eine gelingende didaktische Gestaltung von Elternpartizipation durch pädagogische Fachkräfte.

Dabei gilt es zu berücksichtigen, dass Eltern nach der Eingewöhnung ihres Kindes in der Regel nur kleine Einblicke in das Alltagsgeschehen in der Kita haben. Sie sind darauf angewiesen, dass die Fachkräfte ihnen immer wieder Einblicke in den Kita-Alltag verschaffen, um nachvollziehen zu können, was ihre Kinder hier erleben. Und da die meisten Eltern keine Pädagog:innen sind, benötigen sie in der Regel auch Erläuterungen und Begründungen, um durchschauen zu können, warum pädagogische Fachkräfte so handeln, wie sie es tun.

Reflexionsaufgabe: Als Elternteil nicht gut informiert sein

Perspektivenwechsel

Versetzen Sie sich in die Rolle einer Mutter oder eines Vaters und stellen Sie sich folgende Situation vor: Beim letzten Elternabend wurde über das Frühstück in der Gruppe Ihrer Tochter gesprochen. Die Fachkräfte berichteten, dass sie künftig für die Kinder ein Buffett anbieten wollen. Sie haben sich sehr darüber gefreut, weil Sie hofften, dass Ihr Kind dann ein wenig mehr essen würde als bisher. Nun erzählt Ihnen Ihre Tochter aber, dass sie jetzt immer selbst entscheiden darf, wann und was sie in der Kita frühstückt. Davon hatten Sie auf dem Elternabend nichts gehört. Weil Sie wissen, dass Ihre Tochter das Essen vergisst, wenn sie mit anderen Kindern spielt, sind Sie besorgt, dass sie künftig gar nicht mehr frühstücken wird. Sie sprechen die Fachkräfte darauf an.

Die Perspektive der Fachkräfte

Die pädagogischen Fachkräfte sind der Meinung, die Eltern auf dem Elternabend gut über alle Aspekte der Umstellung auf ein offenes Frühstück informiert zu haben. Ihnen ist wichtig, dass die Kinder dabei begleitet werden. Deshalb registriert eine Fachkraft, welche Kinder gefrühstückt haben, und sorgt dafür, dass die übrigen noch einmal gezielt angesprochen werden. Insofern sind sie verwundert, als ein Elternteil mit solchen Sorgen auf sie zukommt. Sie merken, dass sie nicht davon ausgehen können, dass alle wichtigen Informationen bei allen Eltern angekommen sind.

Reflektieren Sie im Team: Was können pädagogische Fachkräfte tun, um Transparenz möglichst für alle Eltern herzustellen?

Transparenz entsteht nur, wenn benötigte Informationen die konkreten Mütter und Väter auch erreichen. Das gilt in diesem Beispiel nicht nur für die Information, dass und wie die Fachkräfte das offene Frühstück begleiten. Eltern müssen auch erfahren, dass es erwünscht ist, nachzufragen und die eigenen Wünsche und Beschwerden zu äußern. Denn nicht allen Eltern fällt es leicht, sich mit ihren Sorgen direkt an die Fachkräfte in der Kita zu wenden.

Pädagogische Fachkräfte können Eltern wesentliche Angelegenheiten der Kita transparent machen, indem sie

- Informationen dann zur Verfügung stellen, wenn Eltern sie benötigen,
- Informationen mehrfach und auf verschiedenen Kanälen geben (auch digital),
- Informationen für Eltern durch Beispiele konkretisieren,
- bei der Herstellung von Transparenz an den Lebenslagen und Lebenswelten der Eltern anknüpfen.

Informationen dann zur Verfügung stellen, wenn Eltern sie benötigen

Es gibt viele Informationen über die Kita und über den pädagogischen Alltag mit den Kindern, die für Eltern gegebenenfalls wichtig oder interessant sein können. Aber nicht alle Eltern benötigen jederzeit alle Informationen. Daher müssen pädagogische Fachkräfte immer wieder entscheiden, welche Informationen sie den Eltern proaktiv vermitteln und welche sie ihnen erst auf Nachfrage zur Verfügung stellen. Zudem benötigen nicht alle Eltern die gleichen Informationen zur gleichen Zeit. Deshalb sollten die Fachkräfte auch prüfen, welche Eltern welche Informationen wann benötigen.

- Informationspakete schnüren: Die pädagogischen Fachkräfte haben für verschiede Themenbereiche Informationspakete geschnürt. So erhalten alle Eltern mit der Unterzeichnung des Betreuungsvertrags ein »Kita-ABC«, in dem (wie in einer Infobroschüre in einem Hotelzimmer) die wichtigsten Informationen anhand alphabetisch geordneter Stichworte zusammengestellt sind. Die Broschüre enthält auch Hinweise, wo die Eltern vertiefende Informationen zu den einzelnen Themen erhalten können. Ähnliche Broschüren erhalten die betroffenen Eltern zu Beginn der Eingewöhnung ihres Kindes, bevor der Übergang von der Krippe in den Elementarbereich beginnt und zu Beginn des letzten Kita-Jahres vor der Einschulung.

Auch bei aktuellen Informationen, etwa über anstehende Termine, ist es sinnvoll zu überlegen, wann die Informationen fließen sollen. Eltern brauchen gegebenenfalls in Abhängigkeit von ihrer Lebenssituation unterschiedliche Vorlaufzeiten.

Informationen mehrfach und auf verschiedenen Kanälen geben (auch digital)

Der Familienalltag, den Eltern täglich bewältigen müssen, ist komplex (siehe Kapitel 6). Informationen aus der Kita sind nur ein Teil dessen, was Mütter und Väter aufnehmen und in ihrem Alltag berücksichtigen müssen. So kommt es immer wieder vor, dass Mitteilungen verloren gehen oder vergessen werden. Daher sollten pädagogische Fachkräfte Informationen nicht nur einmal, sondern stets mehrfach vermitteln.

- Mehrfach erinnern: Die pädagogischen Fachkräfte beschränken sich nicht darauf, Eltern mittels eines Elternbriefs zu informieren. Zusätzlich sprechen sie die Eltern beim Abholen ihrer Kinder gezielt an, um auf den Elternbrief (im Fach des Kindes) und das dort behandelte Thema hinzuweisen; und an den folgenden Tagen fragen sie nach, ob sie den Brief zur Kenntnis genommen hätten und ob es dazu noch Fragen gäbe.

Dabei ist es sinnvoll, Informationen auf unterschiedlichen Kanälen zur Verfügung zu stellen. Nicht alle Eltern haben die Muße, auf die Info-Tafel zu schauen. Manche können nicht (Deutsch) lesen. Elternbriefe gehen manchmal verloren, bevor sie gelesen wurden. Mündliche Mitteilungen geraten in Vergessenheit.

- Unterschiedlich informieren: Die pädagogischen Fachkräfte versuchen Informationen über unterschiedliche Wege zu übermitteln. So hängt die Information zum kommenden Ausflug am Info-Brett und steht als Kurznotiz in der Kita-App. Zusätzlich verfassen sie mit den Kindern einen Brief, der die Informationen sowohl in Schriftform als auch mittels Symbolen enthält, sodass die Kinder den Brief nicht nur nach Hause transportieren, sondern ihn auch den Eltern ›vorlesen‹ können. Die Notizen am Info-Brett und in der Kita-App erinnern die Fachkräfte daran, die Eltern nochmals mündlich darauf hinzuweisen.

Ein wirksamer Informationskanal ist auch für Erwachsene die visuelle Darstellung. Werden mündliche oder schriftliche Informationen durch Bilder (Fotos, Zeichnungen, Symbole) ergänzt, kann es auch einigen Eltern das Verständnis erleichtern.

- Informationen visualisieren: Im Eingangsbereich hängen neben den Fotos der Elternvertreter:innen auch die Bilder der Kinder, die ihre Gruppen im Kita-Parlament vertreten. Daneben finden sich die jeweiligen Sitzungsprotokolle des Kita-Parlaments und des Kita-Beirats. Weil den pädagogischen Fachkräften aufgefallen war, dass viele Eltern sich die visualisierten Protokolle der Kinder aufmerksamer ansahen als die schriftlichen für die Erwachsenen, sind sie dazu übergegangen, auch die Aushänge für die Eltern durch Bilder zu ergänzen, die nicht nur die Aufmerksamkeit mehr auf sich ziehen, sondern auch die Inhalte auf eine weitere Weise transportieren.

Ein weiterer Informationskanal kann eine sinnlich konkrete Darstellung sein, die schnell auf den Kern des Themas, das angesprochen werden soll, verweist.

- Informationen sinnlich konkretisieren: Die pädagogischen Fachkräfte haben im Eingangsbereich auf einem kleinen Stehtisch ein Glas positioniert, in dem einige arg zerkaute Zahnbürsten der Kinder stehen. Daneben steht ein Schild, auf dem in freundlichen Worten darauf hingewiesen wird, dass die Eltern bitte neue Zahnbürsten mitbringen mögen.

Elektronische Medien haben nicht erst seit der Covid-19-Pandemie auch in der Kommunikation von Kindertageseinrichtungen eine zunehmende Bedeutung. Die meisten Einrichtungen verfügen über einen Internetauftritt, der ihre Arbeit öffentlich präsentiert. Neben Informationen über die Anzahl der Gruppen oder die Öffnungszeiten können dort auch konzeptionelle Besonderheiten der Kita dargestellt werden. Manche Kitas verfassen auch Newsletter, in denen sie über die Kita berichten.

- Die Kita-Homepage informativ gestalten: Auf der Homepage der Kita erhalten interessierte Eltern erste Informationen über die Einrichtung. Die pädagogischen Fachkräfte stellen hier an exponierter Stelle ihre pädagogischen Prinzipien vor. Dazu gehört auch die Partizipation von Kindern und Eltern in der Kita. Neben Bildern vom Außengelände oder Produktionen aus dem Atelier oder der Werkstatt sind auch visualisierte Protokolle aus dem Kita-Parlament dargestellt und erläutert.

Viele Mütter und Väter kommunizieren privat und dienstlich per E-Mail oder mittels Messenger-Diensten. Der E-Mail-Verkehr dient auch in Kindertageseinrichtungen zum Informationsaustausch mit Eltern. Zunehmend verbreiten sich auch spezielle Kita-Apps, die einen schnellen Informationsaustausch ermöglichen und dabei datenschutzrechtlich unbedenklich sein sollen.

- **Eine Kita-App nutzen:** Über eine Kita-App können Eltern nicht nur allgemeine Informationen über organisatorische Themen der Kita erhalten. Die Fachkräfte können sie über einen abgesicherten Bereich an den Termin für das Entwicklungsgespräch erinnern; die Eltern können die Fachkräfte wiederum über eine Erkrankung ihres Kindes informieren. Während der ersten Trennungen in der Eingewöhnungsphase können Fachkräfte in Absprache mit den Eltern sogar Fotos schicken, um ihnen zu zeigen, wie es ihrem Kind geht.

Informationen für Eltern durch Beispiele konkretisieren

Abstrakte fachliche Informationen werden für viele Erziehungsbeteiligte aus dem familiären Raum erst nachvollziehbar, wenn sie durch Beispiele konkretisiert werden. Häufig wird erst in Geschichten deutlich, worum es konkret geht. So haben wir die Erfahrung gemacht, dass wir unsere Partizipationskonzepte für Kinder in Kindertageseinrichtungen Müttern und Vätern durch die Bilderbücher von Leon und Jelena (Hansen/Knauer 2014 ff.) besser verständlich machen können, weil sie reale Geschichten über die Beteiligung von Kindern erzählen. Auch das komplexe Thema frühkindlicher Bildung wird für viele Eltern verständlicher, wenn es konkretisiert wird.

- **Die Wände sprechen lassen:** Die pädagogischen Fachkräfte haben die Abläufe rund um ein Frühstück in der Krippengruppe fotografiert und die Bilder auf einem großen Plakat im Gruppenraum aufgehängt. Unter den Bildern haben sie in kurzen Stichworten erläutert, welche kognitiven, emotionalen, sozialen oder motorischen Fähigkeiten die Kinder sich in dieser komplexen Alltagssituation aneignen, wenn sie zum Beispiel beim Tischdecken Teller und Trinkbecher den Plätzen zuordnen, ihre Wünsche äußern, abwarten müssen, etwas weiterreichen, eine Banane schälen, sich Tee einfüllen oder beim Eingießen den Flüssigkeitsstand erkennen.

Auch in Entwicklungsgesprächen hilft es Eltern, wenn die Fachkräfte die Entwicklungsprozesse des Kindes an konkreten Beispielen darstellen, wie es zum Beispiel im Konzept der Bildungs- und Lerngeschichten angeregt wird (vgl. Leu et al. 2007, S. 126 ff.).

- **Geschichten aus dem Kita-Alltag erzählen:** Die pädagogischen Fachkräfte nutzen in Entwicklungsgesprächen häufig kleine, konkrete Geschichten aus dem Alltag, in denen deutlich wird, wofür sich das Kind gerade interessiert und engagiert, wie es sich damit und auch mit den anderen darüber auseinandersetzt. So kommen sie besser mit den Eltern in einen Austausch über die aktuellen Entwicklungsschritte des Kindes und Möglichkeiten der pädagogischen Begleitung.

Bei der Herstellung von Transparenz an den Lebenslagen und Lebenswelten der Eltern anknüpfen

Ob und wie es pädagogischen Fachkräften gelingt, Müttern und Vätern wesentliche Angelegenheiten der Kita transparent zu machen, hängt auch davon ab, wie die Informationsvermittlung an den Lebenserfahrungen der Eltern anknüpft. In welchen Settings können die jeweiligen Eltern Informationen gut aufnehmen? In welchen Sprachen kommunizieren sie? Welche Hilfestellungen benötigen sie, um zu verstehen? Jede Kindertageseinrichtung sollte individuelle Wege suchen, Transparenz für ›ihre‹ Eltern herzustellen.

So ist der klassische Elternabend nicht immer die geeignete Form, um Eltern zu informieren. Manche Eltern fühlen sich vielleicht in einer reinen Informations- oder Diskussionsveranstaltung unwohl, für andere ist es vielleicht schwer leistbar, abends, wenn die Kinder schlafen, in der Kita zu erscheinen, weil sie nicht über ein unterstützendes Netzwerk verfügen oder sich keine:n Babysitter:in leisten können. In diesem Fall könnte es gegebenenfalls helfen, ein gemeinsames Abendessen mit Kinderbetreuung zu initiieren, bei dem Fachkräfte und Eltern zwangloser ins Gespräch kommen können. Auch gemeinsame Arbeitseinsätze in der Kita können Gelegenheiten für einen Austausch mit Müttern und Vätern bieten.

- Beim Machen ins Reden kommen: Die pädagogischen Fachkräfte haben mit den Kindern ein Modell gebaut, das zeigt, wie sich Kinder und Fachkräfte den neuen Sand- und Matschbereich mit Wasserrinne vorstellen. Gemeinsam laden sie die Eltern zu einem Grillnachmittag ein, bei dem sie ihnen ihre Ideen präsentieren wollen. Das Grillangebot wird von mehr Eltern angenommen als vermutet. Der Plan findet viel Zustimmung bei den Eltern und die Bereitschaft ist groß, bei der Umgestaltung mitzuhelfen. An einem Samstag treffen sich zahlreiche Mütter und Väter, Kinder und Fachkräfte, um zusammen anzupacken. Eine Fachkraft unterhält sich, während sie gemeinsam den neuen Spielsand in die Schubkarren laden, intensiv mit einem Vater, den sie noch nie bei einem Elternabend gesehen hat.

Jeder Informationsaustausch wird erschwert, wenn Menschen nicht die gleiche Sprache sprechen. In vielen Kitas treffen Menschen mit verschiedenen Herkunftssprachen aufeinander, von denen nicht alle Deutsch als Umgangssprache beherrschen. Wenn Kinder die Kita besuchen, deren Eltern nicht Deutsch sprechen, sollte geklärt werden, wie zwischen diesen Eltern und den pädagogischen Fachkräften eine Kommunikation ermöglicht wird.

- Die Vielfalt der Familiensprachen berücksichtigen: In der Kita arbeiten einige mehrsprachige Fachkräfte, sodass eine Kommunikation mit Eltern nicht nur auf Deutsch, sondern auch auf Türkisch, Arabisch und Englisch möglich ist. Allerdings gibt es mehrere Familien, die keine dieser Sprachen beherrschen. Wie unter diesen Umständen miteinander kommuniziert werden kann, wird von den Fachkräften bereits im Erstgespräch thematisiert. Die Eltern werden gebeten, wenn möglich zum nächsten Gespräch jemanden mitzubringen, der für sie übersetzen kann: vielleicht ein Familienmitglied oder eine Nachbarin. Hilfreich ist auch ein Netzwerk von Sprachmittler:innen, das aus ehemaligen Eltern der Kita mit unterschiedlichen Sprachkenntnissen besteht. Und auch die Übersetzungs-App des Mobiltelefons kann helfen.

Eine weitere Erschwernis für die Kommunikation zwischen pädagogischen Fachkräften und Eltern kann sein, dass die Pädagogik, wie andere Berufszweige auch, über eine eigene Fachsprache verfügt, die es erlaubt, sich mit anderen Fachleuten schnell und prägnant zu verständigen. Pädagogische Fachkräfte sprechen von Bildung, Aneignung, Inklusion, Partizipation und vielem mehr und verbinden mit diesen Begriffen komplexe Konzepte. Für fachfremde Mütter und Väter sind solche Begriffe jedoch nicht immer verständlich oder sie werden anders interpretiert. Das sollten die Fachkräfte bei der Vermittlung von Informationen an Eltern stets berücksichtigen.

- Sich verständlich ausdrücken: Bei Gesprächen mit Eltern und insbesondere bei allen schriftlich verfassten Informationen bemühen sich die pädagogischen Fachkräfte, sich möglichst verständlich auszudrücken. Dabei hilft es auch, dass eine Fachkraft eine Fortbildung in Einfacher Sprache besucht hat und die Regeln für Einfache Sprache (vgl. u.a. Neubauer 2017-2022) im Team vermittelt. Um zu prüfen, ob es ihnen gelingt, sich verständlich auszudrücken, bitten die Fachkräfte immer wieder mal eine Mutter oder einen Vater, ›Korrektur‹ zu lesen.

Auch Partizipationsrechte in eine verständliche Sprache übersetzen

In Kapitel 5 wurde darauf hingewiesen, dass Beteiligungsrechte für Eltern oft in juristisch anmutenden Formulierungen gefasst werden, um die teilweise komplexen und komplizierten Klärungen möglichst eindeutig abzubilden. Daher kann es angemessen sein, diese Formulierungen für Eltern wie im folgenden Beispiel in eine einfache, verständliche Sprache zu übersetzen.

§ [XY] Bring- und Abholzeiten

(1) Die pädagogischen Fachkräfte nehmen das Recht in Anspruch, im Rahmen der vertraglich vereinbarten Betreuungszeiten die üblichen Bring- und Abholzeiten festzulegen. Die Eltern sind aufgefordert, ihr Kind nach Möglichkeit diesen Vorgaben entsprechend in die Kita zu bringen und wieder abzuholen.

(2) Haben die Eltern aus ihrer Sicht wichtige Gründe, ihr Kind später zu bringen oder früher abzuholen, sind sie aufgefordert, die pädagogischen Fachkräfte darüber möglichst rechtzeitig zu informieren und mit ihnen einmalig oder vorübergehend abweichende Bring- oder Abholzeiten zu vereinbaren.

(3) Die pädagogischen Fachkräfte behalten sich das Recht vor, ihr aktuelle pädagogische Tätigkeit nicht unmittelbar für die Übergabe der Aufsichtspflicht zu unterbrechen, wenn Eltern ihr Kind später bringen oder früher abholen und keine abweichende Bring- oder Abholzeit vereinbart haben oder diese nicht einhalten.

§ [XY] Bring- und Abholzeiten

(1) Wir möchten, dass Ihr Kind in der Kita morgens gut ankommen und sich nachmittags gut verabschieden kann. Darum bitten wir Sie, Ihre Kinder morgens bis 9.00 Uhr zu bringen. Danach beginnt der Morgenkreis. Dabei möchten wir nicht gestört werden und haben keine Zeit, Ihr Kind zu begrüßen. Wenn Sie ihr Kind ab 15.30 Uhr abholen, können Sie sicher sein, dass Sie ihr Kind nicht bei einer angeleiteten Aktion unterbrechen.

(2) Bei wichtigen Gründen haben Sie das Recht, Ihr Kind später zu bringen oder früher abzuholen. Bitte informieren Sie in diesem Fall die pädagogischen Fachkräfte rechtzeitig darüber und verabreden Sie einen Zeitpunkt, damit sich alle darauf einstellen können.

(3) Wenn Sie keinen Zeitpunkt verabreden, kann es vorkommen, dass die pädagogischen Fachkräfte gerade keine Zeit für Sie haben. Dann müssen Sie vielleicht ein bisschen warten, bis eine Fachkraft Ihr Kind begrüßen oder verabschieden kann.

Für möglichst alle Erziehungsbeteiligten aus dem familiären Umfeld Transparenz über wesentliche Angelegenheiten der Kita herzustellen, ist aufwendig, verbessert jedoch die Zusammenarbeit mit den Eltern. Wenn Mütter und Väter gut informiert sind, müssen sie weniger spekulieren, wie es ihrem Kind in der Kita ergeht und warum die Fachkräfte wie handeln. Das trägt nicht nur dazu bei, dass weniger Missverständnisse und Konflikte zwischen Fachkräften und Eltern auftreten. Das folgende Beispiel zeigt, dass gut informierte Eltern auch gute Botschafter der Kita in der kommunalen Öffentlichkeit sein können.

Wie informierte Eltern Fachkräfte unterstützen können

In der lokalen Tageszeitung wurde darüber berichtet, dass in der Kindertageseinrichtung eine Kita-Verfassung verabschiedet worden sei und die Kinder dort jetzt mitbestimmen könnten, was es zu essen gibt, oder selbst entscheiden dürften, ob sie eine Jacke anziehen, wenn sie rausgehen. Der Artikel löste eine rege Diskussion in zahlreichen Leserbriefen von vermeintlichen Fachleuten aus, die erklärten, dass solch ein Vorgehen nichts mit Demokratieerziehung zu tun hätte, sondern wohl eher kleine Tyrannen herausbilden würde. Bevor die Kita oder ihr Träger sich in dieser Debatte zu Wort melden konnten, antwortete die Elternvertretung in einem eigenen ausführlichen Leserbrief. Die Mütter und Väter konnten detailliert berichten, wie gut ihre Kinder bei all den Entscheidungen, die sie treffen durften, von den Fachkräften begleitet wurden. Und sie begrüßten es ausdrücklich, wie respektvoll die Kinder in der Kita behandelt würden und ihre Wünsche und Interessen in gemeinsame Entscheidungsprozesse einbringen könnten. Damit verstummte die zuvor so aufgeregte Debatte.

7.2 Handlungsaspekt 2: Partizipationsthemen
Wie können pädagogische Fachkräfte Themen zu Partizipationsthemen für Eltern machen?

Demokratische Partizipation erfolgt immer zu konkreten Themen, die einzelne oder mehrere Mitglieder einer Gemeinschaft betreffen. Das gilt auch für Elternpartizipation. Die Vielfalt möglicher Themen von Elternbeteiligung wurde bereits in Kapitel 3 deutlich. Beteiligungsthemen können sowohl von Müttern und Vätern als auch von den pädagogischen Fachkräften eingebracht werden. Allerdings ist davon auszugehen, dass Themen oft so geäußert werden, dass der damit verbundene Beteiligungswunsch nicht auf den ersten Blick zu erkennen ist.

Ob Themen der Eltern zu Beteiligungsthemen werden, hängt einerseits davon ab, wie deutlich oder vehement sie von Eltern in der Kita-Öffentlichkeit als solche benannt werden. Zum anderen liegt es in der Verantwortung der pädagogischen Fachkräfte Themen von Eltern wahrzunehmen, aufzugreifen und zu Beteiligungsthemen zu machen. Sie agieren sozusagen als Türsteher:innen für Beteiligungsthemen von Eltern.

Reflexionsaufgabe: Als Elternteil ein Thema nicht platzieren können

Perspektivenwechsel

Versetzen Sie sich in die Rolle einer Mutter oder eines Vaters und stellen Sie sich folgende Situation vor: Sie wissen, wie wichtig es für Ihr Kind und die pädagogischen Fachkräfte ist, dass die Kinder am Nachmittag pünktlich abgeholt werden. Aber vor drei Wochen ist Ihre Mutter plötzlich erkrankt und muss seither dreimal in der Woche zur Physiotherapie gebracht werden. Obwohl Sie die Termine so gelegt haben, dass sie eigentlich rechtzeitig in der Kita sein müssten, dauert es manchmal in der Praxis länger oder sie kommen in einen Verkehrsstau. So kommen Sie nun ab und zu ein paar Minuten zu spät, und Ihre Tochter und die Fachkraft aus dem Spätdienst warten schon ungeduldig. Auch wenn Sie versuchen, die Situation locker zu überspielen, nehmen Sie die missbilligenden Blicke der Fachkraft wahr. Sie überlegen, ob Sie mit ihr sprechen sollen, möchten sie aber nicht auch noch mit Ihren privaten Angelegenheiten aufhalten und nehmen sich stattdessen vor, beim nächsten Mal wieder pünktlich zu sein.

Die Perspektive der Fachkraft

Die pädagogische Fachkraft empfindet es als rücksichtslos, dass ein Elternteil sein/ihr Kind immer wieder zu spät aus der Kita abholt. Für sie bedeutet das, später Feierabend zu haben und zu spät zu ihrer eigenen Familie zu kommen. Ihr tut auch das Kind leid, das darunter leidet, wenn es mal wieder als letztes abgeholt wird. Als sie ihren Ärger dem

Elternteil gegenüber anspricht, erfährt sie von der schwierigen aktuellen Situation der Familie. Sie fragt sich, warum das Elternteil das nicht von sich aus angesprochen hat. Dann hätte man doch gemeinsam eine Lösung finden können.

Reflektieren Sie im Team: Was können pädagogische Fachkräfte tun, damit Themen von Eltern zu Beteiligungsthemen werden?

Damit solch ein vermeintlicher Regelbruch durch das Elternteil zu einem Beteiligungsthema werden kann, müssen die pädagogischen Fachkräfte die Möglichkeit in Betracht ziehen, dass es gute Gründe für das Verhalten des Elternteils geben kann und das Gespräch suchen. Erst danach können sie überlegen, ob dieses Thema vielleicht auch andere Eltern betrifft und ob sie es zu einem Beteiligungsthema machen (bei dem es hier vielleicht darum gehen könnte, ob in solchen Notfällen das Kind von anderen Eltern mitgenommen werden könnte, damit die Fachkräfte rechtzeitig Feierabend haben).

Pädagogische Fachkräfte können Themen, die Eltern betreffen, zu Beteiligungsthemen machen, indem sie

- mögliche Beteiligungsthemen von Müttern und Vätern aufgreifen,
- Situationen gestalten, in denen Eltern ihre Themen einbringen können,
- selbst Themen einbringen, bei denen sie Eltern beteiligen wollen.

Mögliche Beteiligungsthemen von Müttern und Vätern aufgreifen

Wenn Mütter und Väter erleben, dass pädagogische Fachkräfte ihre Wünsche und Sorgen wahrnehmen und, wann immer es ihnen möglich ist, aufgreifen, kann sie das ermutigen, diese auch künftig zu äußern – auch wenn ihre Vorstellungen nicht immer umgesetzt, sondern zunächst mit äußeren Rahmenbedingungen sowie den Vorstellungen anderer Eltern und der Fachkräfte abgeglichen werden müssen.

Äußern Eltern von sich aus, dass sie zu einem Thema etwas zu sagen haben und erwarten, dass ihre Position bei diesem Thema Berücksichtigung findet, fordern sie ganz offensichtlich Beteiligung ein. Zu einem gemeinsamen Beteiligungsthema wird dieses jedoch in der Regel erst, wenn die pädagogischen Fachkräfte die Äußerungen aufgreifen und zu einem Thema in der Kita-Öffentlichkeit machen.

- Direkte verbale Äußerungen von Eltern aufgreifen: Einige Eltern erzählen der Fachkraft, dass sie sich manchmal wünschen, auch am Wochenende mit ihren Kindern das Außengelände nutzen zu können, weil es in der Nähe keinen anderen Spielplatz gibt. Die pädagogischen Fachkräfte setzen den Wunsch der Eltern auf die Tagesordnung der nächsten Elternversammlung. Schnell wird deutlich, dass der Wunsch von vielen Eltern geteilt wird, es aber einiges zu klären gibt, wenn man ihn realisieren will.

Auch direkt geäußerte Beschwerden sind häufig Beteiligungswünsche.

- Beschwerden von Eltern als Beteiligungswunsch verstehen: Eine Mutter beschwert sich bei der Leitung, weil die Fachkräfte aufgrund der engen Personalsituation seit langem keine Ausflüge mehr mit den Kindern gemacht hätten. Sie könne sich auch vorstellen, die Gruppe bei Ausflügen zu begleiten. Und das würden sicher auch andere Eltern gern tun.

Diese Mutter beschwert sich nicht nur, dass zu wenig Ausflüge stattfinden; sie macht auch gleich einen konstruktiven Vorschlag. Hier liegt es auf der Hand, das Thema der Mutter aufzugreifen und in den Beteiligungsgremien zu besprechen, ob auch andere (Eltern, Fachkräfte, Kinder) sich mehr Ausflüge wünschen und wie das gegebenenfalls realisiert werden kann.

Viele potenzielle Beteiligungsthemen werden aber nicht so deutlich thematisiert, sondern zeigen sich eher indirekt in unterschiedlichen Äußerungen oder Handlungsweisen: wenn Eltern ihre Enttäuschung nicht verbergen können, immer wieder die gleichen Fragen stellen oder Regeln der Kita nicht einhalten. Dann sind die pädagogischen Fachkräfte gefordert, solche versteckten Beteiligungsthemen zu erkennen und gegebenenfalls zu thematisieren.

Reflexionsaufgabe: Welche Beteiligungsthemen könnten sich in diesen Äußerungen der Eltern verstecken?

- Im Flur hängt das Protokoll von der letzten Sitzung des Kinderparlaments. Dort wurde beschlossen, in diesem Jahr keinen Laternenumzug zu machen, sondern stattdessen ein Lichterfest im Außengelände zu veranstalten. Einige Eltern stehen vor dem Protokoll und schwärmen davon, wie schön der Umzug im vergangenen Jahr war.
- Obwohl in der Konzeption erläutert wird, warum die Kita keine Vorschulangebote macht, sondern gemeinsam mit den Kindern plant, was sie im letzten Kita-Jahr unternehmen wollen, fragen einige Eltern der Einschüler:innen immer wieder, wann die Fachkräfte denn mit den Kindern die Vorschul-Arbeitsblätter bearbeiten würden.
- Obwohl die Kita auf eine gesunde Ernährung der Kinder Wert legt, packen manche Eltern ihren Kindern immer wieder Schokoriegel in die Brottaschen.

Schließlich können die Themen von Eltern auch direkt erfragt werden, zum Beispiel im Rahmen von Elternbefragungen.

- Ergebnisse von Elternbefragungen auswerten: Die Kita führt zweimal im Jahr eine Elternbefragung durch. Gefragt wird nach der Zufriedenheit der Eltern in organisatorischen und pädagogischen Angelegenheiten. Bei der Auswertung dieser Befragungen ergeben sich auch immer wieder Themen, die die Fachkräfte als Beteiligungsthemen aufnehmen.

Situationen gestalten, in denen Eltern ihre Themen einbringen können

Damit Mütter und Väter ihre Themen einbringen können, brauchen sie Gelegenheiten, um im Kita- Alltag die Fachkräfte ansprechen zu können. Dafür Raum und Zeit zu schaffen, ist für pädagogische Fachkräfte angesichts der hohen Arbeitsdichte häufig nicht einfach. Manchmal hilft es, wenn die Fachkräfte miteinander klare Verabredungen treffen, wer welche Aufgabe übernimmt.

- Sich als Ansprechpartner:in für Eltern anbieten: Während der Bringzeit empfängt eine Fachkraft die Kinder und ihre Eltern im Flur, während ihre Kolleg:in sich derweil für alle sichtbar im Raum platziert und auch den ankommenden Kindern durch ihre Körperhaltung signalisiert: »Ich bin für euch da.« So entsteht für die Fachkraft am Empfang immer wieder Zeit und Raum, um mit Eltern Tür- und Angelgespräche zu führen.

Um mit Müttern und Vätern über ihre Themen zu sprechen, bietet es sich auch an, die alltäglichen Begegnungsmöglichkeiten für Eltern in der Kita zu nutzen.

- Sich einfach mal dazu stellen: Um Eltern die Möglichkeit zu geben, miteinander ins Gespräch zu kommen, hat die Kita ein zwangloses Angebot entwickelt. Nahe beim Eingang gibt es einen Stehtisch, an dem morgens Kaffee und Tee bereit steht. Dort treffen sich nach dem Bringen oft noch einige Eltern und unterhalten sich eine Weile. Bisweilen gesellt sich auch die Leitung dazu. In solch ungezwungenen Gesprächen erfährt sie immer wieder ganz nebenbei von Themen, die die Eltern beschäftigen und die als Beteiligungsthemen auch gemeinsam bearbeitet werden könnten.

Selbst Themen einbringen, bei denen sie Eltern beteiligen wollen

Weiterhin sollten die pädagogischen Fachkräfte auch immer wieder überlegen, bei welchen Themen sie die Eltern von sich aus beteiligen wollen oder müssen. Diese Frage beschäftigt Fachkräfte-Teams bereits bei der Erarbeitung eines Elternrechtekatalogs (siehe Kapitel 5).

- Eltern Beteiligung anbieten: Die pädagogischen Fachkräfte wollen ihre Informationsmaterialien für neue Eltern überarbeiten. Dabei wollen sie die aktuellen Mütter und Väter beteiligen. Sie stellen die vorhandenen Materialien auf einem Tisch im Flur aus und befragen die Eltern: »Welche Informationen haben Ihnen in der Anfangszeit besonders geholfen, sich in der Kita zurecht zu finden?« Und: »Welche Informationen haben Ihnen gefehlt?«. So erhalten Sie wichtige Hinweise für die Überarbeitung der Materialien.

7.3 Handlungsaspekt 3: Demokratische Verfahren Wie können pädagogische Fachkräfte Eltern in Meinungsbildungs- und Entscheidungsprozessen unterstützen?

In der Demokratie dienen Verfahren (wie Wahl-, Gesetzgebungs- oder Gerichtsverfahren) dazu, verbindliche Entscheidungen auf strukturierten und (rechtlich) geregelten Wegen zu fällen. In solchen Verfahren geht es darum, dass die Beteiligten mögliche Alternativen prüfen, das Für-und-Wider der verschiedenen Lösungsmöglichkeiten abwägen und letztlich zu einer Entscheidung kommen. Demokratische Verfahren vermitteln »die Gewissheit, daß eine Entscheidung zustande kommen wird; und die Ungewißheit, welche Entscheidung es sein wird« (Luhmann 1983, S. 51). Solche Verfahren, die auch bei der Beteiligung von Kindern in der Kita eine wichtige Rolle spielen (vgl. Hansen/Knauer/Redecker 2022, S. 249 ff.), sind bei der Elternpartizipation vor allem für Entscheidungen erforderlich, bei denen Mütter und Väter Anhörungs- und Mitentscheidungsrechte haben.

Reflexionsaufgabe: Sich als Elternteil in Beteiligungsverfahren nicht angemessen einbringen können

Perspektivenwechsel

Versetzen Sie sich in die Rolle einer Mutter oder eines Vaters und stellen Sie sich folgende Situation vor: Sie sind Elternvertreter:in und nehmen ihr Amt ernst. Bei der nächsten Sitzung der Elternvertretung (repräsentatives Beteiligungsgremium, siehe Kapitel 2) sollen unter anderem die Schließzeiten der Kita im kommenden Halbjahr beschlossen werden. Sie haben die Eltern aus Ihrer Gruppe befragt und ein Meinungsbild erstellt. Die Einrichtungsleitung begrüßt die Elternvertreter:innen, verkündet, dass die Sitzung, wie verabredet, pünktlich um 21.30 Uhr enden wird, und stellt die Themen vor, die besprochen werden sollen. Das Thema ›Schließzeiten‹ ist das letzte. Als es aufgerufen wird, ist es 21.10 Uhr. Schnell legen Sie und die Elternvertreter:innen der anderen Gruppen ihre Wünsche auf den Tisch; auch die Leitung hat einen Vorschlag. Vor allem für die Schließtage für die Teamfortbildungen gibt es mehrere unterschiedliche Vorschläge. Da die Zeit drängt, gelingt es nicht, die Alternativen genauer gegeneinander abzuwägen. Schließlich stellt die Leitung ihren eigenen Vorschlag und den einer anderen Elternvertreter:in zur Abstimmung. Sie verlassen die Sitzung etwas ratlos.

Die Perspektive der Leitung

Bei der Aufstellung der Tagesordnung war der Leitung zwar bewusst, dass es viele Themen gab, sie hat aber nicht damit gerechnet, dass die Eltern bezüglich der neuen Kolleg:in und des Projekts zum Weltkindertag so viel nachfragen würden. Als sie merkt, dass sie für den TOP ›Schließzeiten‹ nur noch 20 Minuten Zeit hat, gerät sie ein wenig unter Druck. Sie weiß, dass es den Eltern wichtig ist, die Sitzung nicht zu überziehen, weil einige ihre Babysitter auslösen müssen. Und auch sie selbst möchte pünktlich Feierabend machen. So versucht sie den Prozess abzukürzen, merkt dann aber, dass dies bei einigen Eltern Unzufriedenheit auslöst. Sie fragt sich, wie sie solche Situationen künftig vermeiden kann.

Reflektieren Sie im Team: Was können pädagogische Fachkräfte tun, um Beteiligungsverfahren für Eltern verlässlich und fair zu gestalten?

Auch wenn es in diesem Beispiel Gründe gegeben haben mag, zunächst andere Themen zu behandeln, war vorauszusehen, dass ein für Eltern so wichtiges Thema wie Schließzeiten ausreichend Zeit benötigt. Dieses an das Ende einer vollen Tagesordnung zu setzen, hatte zur Folge, dass nicht genügend Zeit blieb, das Für und Wider der unterschiedlichen Alternativen zu besprechen, sodass die Leitung schließlich willkürlich zwei Alternativen auswählte und zur Abstimmung stellte. Dieses letztlich scheindemokratische Vorgehen erzeugte den Unmut einiger Eltern und vermittelte ihnen womöglich auch das Gefühl, dass ihre Beteiligung eigentlich gar nicht erwünscht war.

Damit sich Mütter und Väter orientiert beteiligen können, sollten die Rahmenbedingungen, unter denen die Gremien arbeiten, und die Verfahren, in denen über Beteiligungsthemen verhandelt wird, geklärt sein: Wie kommen Themen in die Elterngremien und wie werden sie dort bearbeitet?

Pädagogische Fachkräfte können demokratische Verfahren für Eltern gestalten, indem sie
- Beteiligungsgremien mittels einer ›Geschäftsordnung‹ strukturieren,
- die Verfahren in den Gremiensitzungen didaktisch gestalten.

Beteiligungsgremien mittels einer ›Geschäftsordnung‹ strukturieren

In Geschäftsordnungen sind Regeln für Gremien niedergeschrieben, um sicherzustellen, dass der Ablauf der Gremiensitzungen ordnungsgemäß erfolgt. Damit Eltern sich bei den Themen, zu denen sie Anhörungs- oder Mitentscheidungsrechte haben, verlässlich beteiligen können, sollte auch für Beteiligungsgremien für Eltern (siehe Kapitel 5) eine Art Geschäftsordnung existieren.

- Geschäftsordnungen für Eltern-Beteiligungsgremien erstellen: Für das repräsentative Eltern-Beteiligungsgremium hat der Träger eine Geschäftsordnung erarbeitet, die den Elternvertreter:innen vorliegt. Auch für die Elternversammlungen auf Gruppenebene haben die Fachkräfte der Kita ein Info-Papier erarbeitet, in dem beschrieben wird, wann und wie zu den Versammlungen eingeladen wird, wie die Tagesordnung entsteht, wie die Sitzungen geleitet werden, welche Entscheidungsverfahren es gibt, wie die Ergebnisse protokolliert werden.

Solche Geschäftsordnungen vermitteln den Müttern und Vätern den Charakter solcher Sitzungen als demokratische Beteiligungsgremien. Auch Entwicklungsgespräche, die üblicherweise von den Fachkräften detailliert vorbereitet werden, folgen in der Regel einem bestimmten Ablauf. Und auch hier werden Entscheidungen getroffen. Deshalb kann es für Eltern hilfreich sein, wenn ihnen auch das Vorgehen in solchen Elterngesprächen zuvor transparent gemacht wird.

Die Verfahren in den Gremiensitzungen didaktisch gestalten

Damit ein ergebnisoffener und doch zielgerichteter Austausch über die jeweiligen Themen möglich ist, gilt es, die Verfahren unter Berücksichtigung der Vielfalt der Eltern (siehe Kapitel 6) so zu gestalten, dass möglichst alle Mütter und Väter nachvollziehen können, worum es inhaltlich geht, welche alternativen Lösungsmöglichkeiten es gibt und mit welchen möglichen Folgen diese verbunden sind. So können sie sich auch ohne Fachkenntnisse Meinungen zu organisatorischen und pädagogischen Angelegenheiten bilden, um ihr Votum abzugeben.

In diesem Prozess benötigen Eltern immer wieder eine Fokussierung. Pädagogische Fachkräfte sollten berücksichtigen, dass die Mütter und Väter kurz vor der Sitzung vielleicht noch mit ganz anderen Themen beschäftigt waren und sich nun umorientieren müssen. Deshalb sollte bereits im Vorfeld und noch einmal zu Beginn der Sitzung verdeutlicht werden, um welche Inhalte es gehen wird, welche Ziele verfolgt werden und wie das Vorgehen geplant ist.

- Gremiensitzungen inhaltlich fokussieren: Die pädagogischen Fachkräfte informieren Eltern über Inhalte und Verlauf der nächsten Sitzung sowohl vorab in den Einladungen als auch zu Beginn der Sitzung mittels eines Plakats. Beide enthalten eine Darstellung der Themen, der jeweils verfolgten Ziele (zum Beispiel Information der Eltern, Stellungnahme der Eltern im Rahmen einer Anhörung, gemeinsame Entscheidung während der Sitzung) und eine grobe Einschätzung der Zeit, die für diesen Tagesordnungspunkt vorgesehen ist.

Immer wieder wird es Themen geben, zu denen die Mütter und Väter zunächst hinreichende Informationen benötigen, um die unterschiedlichen Alternativen beurteilen und etwas dazu sagen zu können.

- Alternative Lösungen vorstellen und diskutieren: Ein Vater bemängelt, dass aus dem Portfolio, das in der Kita als Grundlage für das Entwicklungsgespräch genutzt wird, zu wenig hervorgehe, was das Kind bereits kann und was besonders gefördert werden sollte. Da auch andere Eltern sich ähnlich geäußert haben, nehmen die Fachkräfte das Thema ›Entwicklungsdokumentation‹ als Tagesordnungspunkt für die nächste Elternversammlung auf. Damit sich die Erziehungsbeteiligten aus dem familiären Umfeld vorab mit dem Thema auseinandersetzen können, gestalten die Fachkräfte einen Infotisch über

verschiedene Möglichkeiten der Entwicklungsdokumentation. Sie legen Materialien aus und kommentieren auf kleinen Kärtchen unter anderem die Vor- und Nachteile von defizitorientierten und ressourcenorientierten Verfahren. Auf einem Plakat weisen sie darauf hin, dass die Meinung der Eltern zu diesem Thema während der nächsten Elternversammlung erfragt wird und die Fachkräfte auf Grundlage dieser Anhörung ihr Konzept der Entwicklungsdokumentation und des Entwicklungsgesprächs überdenken werden.

Auch wenn es wichtig ist, sich für die Meinungsbildung die Zeit zu nehmen, die alle Beteiligten benötigen, muss es doch irgendwann zu einer Entscheidung kommen. Diesen Zeitpunkt zu erkennen ist für die pädagogischen Fachkräfte ein Abwägungsprozess.

- Zeit einräumen und auf eine Entscheidung hinarbeiten: Während der Elternversammlung geben die Fachkräfte noch einmal einen zusammenfassenden Input. Dabei wird deutlich, dass die bisherigen Informationen zur Entwicklungsdokumentation für einige Eltern nicht ausreichen, um sich eine Meinung bilden zu können. Die Fachkräfte schlagen daraufhin vor, dass der Infotisch noch eine weitere Woche aufgebaut bleibt und während der Bring- und Abholzeiten eine Fachkraft ansprechbar sein wird, um auf Nachfrage die verschiedenen Möglichkeiten noch einmal zu erläutern. Anschließend haben die Eltern die Möglichkeit ihren Wunsch der Fachkraft mitzuteilen oder ihn auf einem Vordruck schriftlich abzugeben. So entsteht ein Meinungsbild, aufgrund dessen die Fachkräfte ihre Form der Entwicklungsdokumentation kritisch überprüfen werden.

Indem die Fachkräfte den Eltern die Möglichkeit bieten, sich jenseits der Elternversammlung mit dem Thema zu beschäftigen, erleichtern sie es den Müttern und Vätern, sich eine Meinung zu dem Thema zu bilden. Gleichzeitig wird deutlich, dass die Diskussionszeit begrenzt ist und sich die Eltern positionieren müssen.

7.4 Handlungsaspekt 4: Einzelne Eltern und gesamte Elternschaft

Wie können pädagogische Fachkräfte zwischen Einzelinteressen von Eltern und der Elternschaft als Ganzem demokratisch vermitteln?

Ein Grundthema der Demokratie ist die Frage, wie die Freiheit des Einzelnen mit der Freiheit der Anderen in ein demokratisches Verhältnis gesetzt werden kann. Für Elternpartizipation in der Kindertageseinrichtung bedeutet dies, die vielfältigen Einzelinteressen von Müttern und Vätern miteinander in Beziehung zu setzen und Lösungen zu finden, die für alle Eltern akzeptabel sind. Gleichzeitig müssen solche Lösungen auch mit den fachlichen und konzeptionellen Grundpositionen der Kita in Einklang stehen. Daher sind die Selbst- und Mitentscheidungsrechte von Müttern und Vätern in der Kita begrenzt (siehe Kapitel 5).

Reflexionsaufgabe: Als Elternteil andere Positionen haben als andere Eltern

Perspektivenwechsel

Versetzen Sie sich in die Rolle einer Mutter oder eines Vaters und stellen Sie sich folgende Situation vor: Ihr Kind wird im kommenden Jahr eingeschult. Die pädagogischen Fachkräfte stellen Ihnen und den anderen Eltern der Einschüler:innen während einer Elternversammlung das leicht überarbeitete Konzept für die Gestaltung des letzten Kita-Jahres Ihrer Kinder vor und bitten Sie alle um Ihre Meinung dazu. Einige Eltern treten vehement dafür ein, die Kinder gezielter auf die Schule vorzubereiten. Die Kinder würden ja in der Schule gar nicht klarkommen, wenn sie vorher in der Kita nicht lernen würden, auch mal sitzen zu bleiben und eine Aufgabe zu erledigen. Dafür gäbe es im Internet extra Arbeitsblätter für die Kita. Andere Eltern sind strikt gegen solche Ideen. Sie plädieren dafür, die Kinder gerade im letzten Kita-Jahr noch ihre Freiheit ausleben zu lassen. Sie würden noch früh genug die Zwänge der Schule aushalten müssen. Viele Eltern schweigen. Sie selbst finden das von den Fachkräften vorgestellte Konzept eigentlich ganz gut. Sie trauen sich aber nicht, sich in der zunehmend hitzigen Debatte dazu zu äußern.

Die Perspektive der Fachkräfte

Da die Eltern in der Kita bei konzeptionellen Entscheidungen ein Anhörungsrecht haben, stellen die pädagogischen Fachkräfte den Eltern der Einschüler:innen ihr Konzept für die Gestaltung des letzten Kita-Jahres vor. In den vergangenen Jahren hatten sie den Eindruck, dass die Eltern mit dem bisherigen Konzept ganz zufrieden waren. Und da sie für dieses Jahr nur leichte Anpassungen geplant haben, sind die Fachkräfte von der kontroversen

Diskussion zwischen den Eltern überrascht. Sie überlegen, wie sie nun mit diesen unterschiedlichen Positionen umgehen können.

Reflektieren Sie im Team: Was können pädagogische Fachkräfte tun, um im Spannungsfeld zwischen einzelnen Eltern und der ganzen Elternschaft demokratisch zu agieren?

Wie ihre Kinder gut auf die Schule vorbereitet werden, ist für die meisten Eltern ein wichtiges Thema. Wenn es dazu sehr kontroverse Vorstellungen gibt, gelingt es nur schwer, dass sich alle Eltern auf eine Position einigen. Doch in demokratischen Beteiligungsverfahren mit Eltern in der Kita geht es auch eher um das Ringen um gute fachliche Lösungen, die am Ende möglichst viele Mütter und Väter akzeptieren können. Damit solch ein demokratischer Streit gelingt, müssen alle Mütter und Väter zu Wort kommen können. Dafür kann es sinnvoll sein, zunächst grundlegende Gemeinsamkeiten aller Eltern bezüglich der Erziehung, Bildung und Betreuung ihrer Kinder herauszuarbeiten.

Zwischen den einzelnen Eltern und der Elternschaft demokratisch zu vermitteln, kann insbesondere gelingen, wenn pädagogische Fachkräfte

- Eltern dabei unterstützen, sich in der Kita-Öffentlichkeit zu äußern,
- grundlegende Gemeinsamkeiten der Eltern bezüglich der Erziehung und Bildung ihrer Kinder herausarbeiten,
- kontroverse Auseinandersetzungen der Eltern über die Erziehung und Bildung ihrer Kinder begleiten,
- eigene fachliche Positionen machtsensibel einbringen.

Eltern dabei unterstützen, sich in der Kita-Öffentlichkeit zu äußern

Nicht allen Erziehungsbeteiligten aus dem familiären Umfeld fällt es leicht, sich in der Kita-Öffentlichkeit zu äußern. Häufig sind es immer die gleichen Mütter und Väter, die sich zu Wort melden und die Diskurse unter den Eltern gestalten, während andere eher schweigen. Um es möglichst vielen Eltern zu erleichtern, sich einzumischen, kann es hilfreich sein, unterschiedliche Settings für Elterngespräche zu gestalten. Eine Variante ist zum Beispiel, die Möglichkeit zu schaffen, sich in kleinen Gruppen auszutauschen.

■ Unterschiedliche Settings für den Meinungsaustausch gestalten: Die pädagogischen Fachkräfte haben für die Elternversammlung eine neue Sitzordnung arrangiert. Statt wie zuvor im Plenum oder im Stuhlkreis sitzen die Eltern nun an Tischen in kleineren Gruppen. An jedem Tisch nimmt auch eine Fachkraft Platz. So können vor allem Themen, zu denen es in der Elternschaft sehr unterschiedliche Positionen gibt, in diesen Kleingruppen besprochen werden. Die jeweilige Fachkraft moderiert den Austausch, ohne sich inhaltlich einzubringen und protokolliert die Ergebnisse, die sie anschließend auch den anderen vorstellt. Wenn sich an den Tischen jeweils eher gleichgesinnte

Eltern einfinden und sich die widersprüchlichen Positionen dadurch zu verfestigen drohen, wenden die Fachkräfte die Methode des World-Cafés an und lassen die Teilnehmenden nach einer Weile nach einem Zufallsprinzip die Tische wechseln.

Ein positiver Nebeneffekt dieses Vorgehens kann sein, dass die unterschiedlichen Positionen nicht mehr so leicht mit einzelnen Müttern und Vätern, die sie geäußert haben, in Verbindung gebracht werden und dadurch Sachargumente stärker in den Vordergrund rücken können.

Auch die Bereitstellung verschiedener Medien kann Eltern unterstützen, ihre Meinung zum Ausdruck zu bringen. Mütter und Väter, die sich nicht so gern mündlich äußern, fällt es manchmal leichter, etwas aufzuschreiben oder ihre Position durch eine Bepunktung verschiedener Ideen deutlich zu machen.

- Unterschiedliche Medien zur Meinungsäußerung anbieten: Die Fachkräfte planen im Eingangsbereich eine Elternecke einzurichten. Damit diese von möglichst vielen Müttern und Vätern angenommen wird, wollen sie die Eltern an der Gestaltung beteiligen. Dazu haben sie in dem Bereich, in dem die Ecke entstehen soll, eine Pinnwand aufgestellt und Karten und Stifte dazugelegt. Auf der Pinnwand steht: »Hier soll eine Elternecke entstehen. Wie muss sie aussehen, damit Sie sie nutzen?« Die Fachkräfte machen die Eltern beim Bringen der Kinder auf das Beteiligungsangebot aufmerksam und bald hängen die ersten Karten an der Wand, auf denen Eltern ihre Ideen beschrieben oder gezeichnet haben. Nach einigen Tagen drücken die Fachkräfte den Eltern beim Bringen eine Anzahl Klebepunkte in die Hand und bitten sie, damit die Ideen zu kennzeichnen, die ihnen am wichtigsten sind. Die Ergebnisse stellen sie während der nächsten Elternversammlung vor und bitten die Eltern, diese in kleinen Gruppen nochmals zu besprechen. So erhalten sie ein differenziertes Bild der Elternwünsche, das ihnen hilft, eine für viele Mütter und Väter attraktive Elternecke zu schaffen.

Grundlegende Gemeinsamkeiten der Eltern bezüglich der Erziehung und Bildung ihrer Kinder herausarbeiten

Damit eine demokratische Auseinandersetzung der vielen unterschiedlichen Mütter und Väter in der Kindertageseinrichtung trotz der Vielfalt unterschiedlicher Meinungen und Positionen gelingen kann, sollte allen deutlich sein, dass es ein grundlegendes gemeinsames Interesse gibt, das sie hier zusammenführt. Man kann wohl davon ausgehen, dass alle Eltern den Wunsch hegen, dass es ihrem Kind in der Kita gut geht und es in seiner Entwicklung unterstützt wird. Was das für die einzelnen Erziehungsbeteiligten konkret bedeutet, kann sich zwar deutlich unterscheiden. Doch wenn Eltern das gleiche Motiv eint, dass ihr Kind gut aufwachsen soll, steigt vermutlich auch die Bereitschaft, sich auf die Suche nach gemeinsamen Lösungen einzulassen.

- **Gemeinsame Ziele für die Erziehung und Bildung der Kinder herausarbeiten:** Während der ersten Elternversammlung im Kita-Jahr stellen die Fachkräfte gemeinsam mit den ›alten‹ Eltern den ›neuen‹ Müttern und Vätern die pädagogische Konzeption der Einrichtung vor. Zu Beginn bitten die Fachkräfte die Eltern, sich in kleinen Gruppen, moderiert von einer Fachkraft, über die folgende Frage auszutauschen: »Was wünschen Sie eigentlich Ihrem Kind in seinem Leben?« Nach kurzem Zögern fällt den Eltern doch vieles ein: Glück, Gesundheit, ein gutes Leben, Freunde, den eigenen Weg zu gehen, in Frieden zu leben, vieles ausprobieren zu können, gute Leistungen zu bringen, Erfolg zu haben und vieles mehr. Anschließend stellen die Fachkräfte das Leitbild des Trägers (zum Beispiel die sieben Grundsätze des Roten Kreuzes) vor, an dem sich auch die pädagogische Konzeption der Kita orientiert. Im Gespräch arbeiten Fachkräfte und Eltern dann gemeinsam heraus, wie sich die Wünsche der Eltern für ihr Kind im Leitbild des Trägers wiederfinden.

Gelingt es auf solche Weise, eine gemeinsame allgemeine Grundlage für die Erziehung, Bildung und Betreuung der Kinder in der Kita herauszuarbeiten, fällt es vielleicht auch leichter, unterschiedliche Positionen und kontroverse Diskussionen auszuhalten, diese zu versachlichen und so Lösungen zu finden, die für möglichst viele Eltern akzeptabel sind.

Auch unangemessen ausgetragene Konflikte zwischen Eltern können Anlass sein, Gemeinsamkeiten herauszuarbeiten, die darin bestehen, dass sich alle darauf einlassen, in der Kita das gemeinsame Ziel zu verfolgen, dass es den Kindern dort gut geht.

- **Einen gemeinsamen Wertekanon erarbeiten:** In der Kita kommt es neuerdings vermehrt zu zum Teil lautstarken Auseinandersetzungen bis hin zu Beschimpfungen zwischen Müttern und Vätern. Daraufhin entschließen sich die pädagogischen Fachkräfte in Absprache mit dem Träger und der Elternvertretung in einem Beteiligungsprojekt mit allen Eltern Grundsätze für den Umgang miteinander in der Kita zu erarbeiten. Gemeinsam mit der pädagogischen Fachberatung entsteht so ein Wertekanon, der die Konzeption der Einrichtung ergänzt und in der Kita für alle sichtbar veröffentlicht ist.

Trotz der Erarbeitung solch eines gemeinsamen Wertekanons kann es nach wie vor zu unfairen Auseinandersetzungen kommen, die allerdings unter Berufung auf den Wertekanon leichter zu klären sein dürften.

Kontroverse Auseinandersetzungen der Eltern über die Erziehung und Bildung ihrer Kinder begleiten

Demokratie lebt vom Streit, davon, dass unterschiedliche Meinungen auch konflikthaft aufeinander stoßen können – um dann in demokratischen Verfahren gewaltfrei ausgetragen zu werden. So können auch die Vorstellungen von Eltern über Fragen der Erziehung und Bildung der Kinder in der Kita so weit auseinandergehen, dass es zunächst schwierig scheint, eine gemeinsame Lösung zu finden. In solchen Situationen sind die pädagogischen Fachkräfte gefordert, eine Konfliktlösung zu begleiten.

Dabei hilft es, zunächst einmal die unterschiedlichen Positionen für alle sichtbar zu machen.

- Die unterschiedlichen Positionen transparent machen: Nach den Einschränkungen durch die Covid-19-Pandemie will das Kita-Team die offene Arbeit wieder aufnehmen. Als sie ihre Überlegungen während einer Elternversammlung vorstellen, sind die Meinungen bei den Eltern geteilt. Während einige das Vorhaben unterstützen, lehnen es manche ab und verweisen darauf, dass es ihren Kindern in der Gruppe gut geht. Die Fachkräfte wollen genauer erfahren, was hinter diesen unterschiedlichen Positionen der Eltern steckt und laden sie zu einer Kartenabfrage ein. Sie stellen zwei Pinnwände auf, auf die sie jeweils einen Satzanfang schreiben: »Es ist gut, wenn die Gruppen wieder geöffnet werden, weil …« und »Es ist gut, wenn die Kinder in den Gruppen bleiben, weil …«. Als sie die Karten, die die Eltern geschrieben haben, anschließend ordnen, wird deutlich, dass es viele Gründe für die Rückkehr zur offenen Arbeit gibt, aber auch die Betreuung in den Gruppen einige Vorteile hat.

Damit sich Eltern in solchen Konflikten über komplexe fachliche Fragen eine Meinung bilden können, brauchen sie genügend Zeit und Gelegenheiten, über das Thema zu sprechen.

- Meinungsbildung ermöglichen: Damit die Eltern (und auch jene, die nicht an der Elternversammlung teilgenommen haben) die Möglichkeit haben, sich intensiver mit dem Für und Wider der offenen Arbeit und der Betreuung in festen Gruppen zu beschäftigen, stellen die Fachkräfte die Pinnwände mit den verschiedenen Positionen noch für einige Tage im Flur vor dem Leitungsbüro aus. So können Mütter und Väter untereinander und auch mit der Leitung weiter über das Thema diskutieren.

Doch auch wenn die Sichtweisen kontrovers bleiben, muss letztlich eine Entscheidung gefällt werden. Haben die Eltern bezüglich des Themas Mitentscheidungsrechte, mündet die Auseinandersetzung in der Regel in einer Mehrheitsentscheidung. Haben sie Anhörungsrechte treffen die pädagogischen Fachkräfte die Entscheidung, wobei sie die Stellungnahmen der Eltern gebührend berücksichtigen und ihre Entscheidung den Eltern gegenüber begründen müssen.

Eigene fachliche Positionen machtsensibel einbringen

Elternpartizipation bedeutet allerdings nicht, dass die pädagogischen Fachkräfte sich neutral verhalten und ihre fachlichen Positionen verbergen. Sie sind verantwortlich für die Qualität der pädagogischen Arbeit in der Kita und damit gefordert, eigene fachliche Positionen einzubringen und zu begründen, insbesondere bei Themen, die ihr pädagogisches Handeln betreffen (Beteiligungsfeld 2, siehe Kapitel 3).

- **Sich fachlich äußern und die eigene Position begründen:** Einige Eltern berichten, dass in der benachbarten Kita mindestens dreimal im Monat Ausflüge mit den Kindern durchgeführt werden. Sie meinen, dass solche Ausflüge für Kinder wichtig wären und wünschen sich das auch für ihre Kinder. Die pädagogischen Fachkräfte begründen, warum sie sich dafür entschieden haben, Ausflüge nicht nach festgelegten Rhythmen zu machen, sondern dann, wenn sie inhaltlich zu den Themen passen, die die Kinder gerade beschäftigen. Sie erinnern an den letzten Ausflug auf den Wochenmarkt, der damit verbunden war, Zutaten für ein gemeinsames Gruppenfrühstück einzukaufen. Durch diese Erklärungen wird den Eltern klar, warum die pädagogischen Fachkräfte so handeln.

Dabei stehen die pädagogischen Fachkräfte vor der Herausforderung, ihre fachlichen Positionen einerseits klar und für die Eltern nachvollziehbar darzulegen, damit aber die Eltern nicht zum Schweigen zu bringen, sondern sie in ihren Positionen ernstzunehmen.

7.5 Handlungsaspekt 5: Respektvolle Interaktion Was sollten pädagogische Fachkräfte beachten, wenn sie mit Eltern respektvoll interagieren wollen?

Partizipation gelingt nur, wenn alle Beteiligten miteinander auch respektvoll interagieren. Das meint, dass die Interaktion zwischen pädagogischen Fachkräften und Eltern auf Anerkennung beruht. Intersubjektive Anerkennung drückt sich nach Axel Honneth in Liebe, Recht und Solidarität aus (vgl. Honneth 2003, S. 148 ff.). Für Elternpartizipation bedeutet dies, dass die Fachkräfte den Erziehungsbeteiligten aus dem familiären Umfeld mit grundsätzlicher professioneller Zugewandtheit begegnen, ihre Partizipationsrechte anerkennen und sich solidarisch zu den vielfältigen familialen Lebensentwürfen (siehe Kapitel 6) verhalten.

Reflexionsaufgabe: Als Elternteil nicht respektvoll behandelt zu werden

Perspektivenwechsel

Versetzen Sie sich in die Rolle einer Mutter oder eines Vaters und stellen Sie sich folgende Situation vor: Sie sind alleinerziehend und nehmen an einer berufsbegleitenden Weiterbildung an einem Ferninstitut teil. Obwohl Ihre Abschlussprüfung bevorsteht, konnten Sie an den vergangenen Abenden oft nicht Lernen, weil Ihre zweijährige Tochter nicht einschlafen wollte. Die pädagogische Fachkraft in der Krippe berichtete Ihnen, dass Ihre Tochter mittags manchmal nicht mehr schlafen möchte, dafür aber am Nachmittag so erschöpft ist, dass sie sie dann schlafen legen muss. Da Sie nur abends Zeit zum Lernen haben, fürchten Sie, dass Sie so Ihre Prüfung nicht bestehen werden. Deshalb bitten Sie die Fachkraft, darauf zu achten, dass Ihre Tochter nachmittags nicht mehr so spät einschläft, und wenn sie das nicht durchhält, sie eben mittags hinzulegen. Die Fachkraft erklärt Ihnen wortreich, dass sie das versuchen würden, aber auf gar keinen Fall ein Kind zum Schlafen zwingen oder es wachhalten würden, wenn es völlig erschöpft sei. So hätten sie das ja auch besprochen. Sie versuchen der Fachkraft zu erklären, dass es für Sie ein ernstes Problem darstellt, wenn Ihre Tochter abends so lange aufbleibt und Sie nicht für Ihre Prüfung lernen könnten. Die Fachkraft hört Ihnen aber gar nicht richtig zu, sondern begründet weiter, dass das Wohl des Kindes in der Kita im Vordergrund stehen würde und dass es ja normalerweise auch nur ein paar Wochen dauern würde, bis das Kind ganz ohne Mittagsschlaf klar kommt. Da müssten jetzt alle mal durch. Sie haben das Gefühl, dass die Fachkraft Ihre Situation überhaupt nicht verstehen will.

Die Perspektive der Fachkraft

Die pädagogische Fachkraft kann schon verstehen, dass die Zeit, in der die Kinder den Mittagsschlaf nicht mehr so sehr brauchen und deshalb erst am Nachmittag einschlafen, für die Eltern schwierig ist. Aber deshalb werden in der Kita trotzdem keine Kinder zum Schlafen gezwungen oder wachgehalten. Das Kindeswohl geht nun einmal vor. So ist es mit den Eltern besprochen. Und diese Übergangszeit dauert ja auch nicht ewig. Sie kann nicht verstehen, dass manche Eltern sich damit nicht arrangieren können.

Reflektieren Sie im Team: Was können pädagogische Fachkräfte tun, um mit Müttern und Vätern respektvoll zu interagieren?

In dieser Situation geht es dem Elternteil nicht darum, vereinbarte Rechte der Kinder zu hinterfragen, als vielmehr darum, Unterstützung zu finden, um den eigenen schwierigen Alltag zu bewältigen. Das Elternteil fühlt sich durch die Erklärungen der Fachkraft unverstanden. Der Hinweis auf den Vorrang des Kindeswohls verschärft das Gefühl, in dieser Situation nicht wahrgenommen und anerkannt zu werden.

Eine respektvolle Interaktion mit Müttern und Vätern im Rahmen von Elternpartizipation drückt sich darin aus, dass pädagogische Fachkräfte

- Eltern gegenüber professionelle Zugewandtheit zeigen,
- aufmerksam sind für mögliche Partizipationsthemen der Eltern,
- sich mit der Lebenssituation der Eltern solidarisch zeigen.

Eltern gegenüber professionelle Zugewandtheit zeigen

Damit sich Eltern in der Kita respektiert fühlen können, sollten pädagogische Fachkräfte ihnen grundsätzlich zugewandt sein. Zugewandtheit zeigt sich unter anderem an einem aufrichtigen Interesse der Fachkräfte an den Eltern, daran, dass sie versuchen, sich Zeit für Gespräche zu nehmen und aktiv zuzuhören, oder auch darin, dass pädagogische Fachkräfte die Namen der Eltern kennen und richtig aussprechen können.

- Sich für die einzelnen Eltern interessieren: Am Freitag hatte eine Mutter der pädagogischen Fachkraft erzählt, dass sie am Wochenende Besuch von ihrer Familie aus Frankreich bekommt und sie alle mit einem landestypischen Gericht verwöhnen will. Als die Mutter am Montag ihr Kind in die Kita bringt, fragt die Fachkraft, ob es denn geklappt hätte mit dem Kochen. Die Mutter freut sich, dass die Fachkraft sich daran erinnert.

Gleichzeitig ist die Beziehung, die pädagogische Fachkräfte zu Eltern aufbauen, eine berufliche und keine private Beziehung (siehe Kapitel 4). Daher sind die Fachkräfte gefordert, den schmalen Grat zwischen Nähe und professioneller Distanz sensibel zu beachten. Das beinhaltet auch, sich nicht ungefragt in private Angelegenheiten der Eltern einzumischen und als Fachkraft das eigene Privatleben zu schützen.

- Grenzen zwischen beruflicher und privater Beziehung achten: Die pädagogische Fachkraft trifft am Wochenende eine Mutter aus ihrer Kita mit ihrem neuen Freund auf der Dorfkirmes. Bei der kurzen Unterhaltung duzt der Freund der Mutter die Fachkraft. Am Montag in der Kita duzt die Mutter die Fachkraft ebenfalls, obwohl es in der Kita üblich ist, sich zu siezen, sofern Mutter oder Vater und Fachkraft nicht schon vor der Aufnahme des Kindes privat miteinander bekannt waren. Die Fachkraft erinnert die Mutter freundlich an diese Regel und bittet darum, beim Sie zu bleiben.

Aufmerksam sein für mögliche Partizipationsthemen der Eltern

Dass Eltern ihre Themen häufig beiläufig oder indirekt äußern, wurde bereits im Handlungsaspekt 2 (Partizipationsthemen) benannt. Respektvoll zu interagieren, heißt auch, aufmerksam zu sein für Äußerungen von Eltern, die auf Themen hinweisen, zu denen die Mütter oder Väter etwas zu sagen haben, und ihnen rückzumelden, dass ihr Thema wahrgenommen wurde.

- Zeigen, dass mögliche Partizipationsthemen der Eltern wahrgenommen wurden: Die pädagogische Fachkraft sieht, dass die Mutter am Morgen mal wieder im Durcheinander der Kita-Garderobe auf der Suche nach den Hausschuhen ihres Sohnes ist. Die Fachkraft hört, wie die Mutter vor sich hin murmelt: »Das ist aber auch ein Chaos hier.« Die Fachkraft spricht die Mutter freundlich an: »Stimmt. Das ist tatsächlich ein wenig durcheinander hier und sie müssen jeden Morgen wieder nach den Hausschuhen suchen. Sollen wir mal gemeinsam überlegen, wie wir da etwas ändern können?«

Im Kita-Alltag gibt es allerdings immer wieder Situationen, in denen die Fachkräfte nicht die Muße haben, so auf Eltern einzugehen. Dennoch sollten sie sich die Zeit nehmen, den Müttern oder Vätern zu signalisieren, dass sie ihre Äußerung wahrgenommen haben, sich aber im Moment nicht damit auseinandersetzen können.

- Späteres Gespräch anbieten: Die pädagogische Fachkraft begrüßt gerade drei Kinder, die von ihren Eltern in die Kita gebracht werden, während sie ein viertes Kind zu trösten versucht, dessen Vater sich für das Kind offenbar zu eilig verabschiedet hat. In dieser Situation möchte eine Mutter der Fachkraft unbedingt etwas mitteilen. Die Fachkraft nickt der Mutter freundlich zu und sagt: »Ich sehe, dass Sie etwas von mir wollen. Aber ich bin hier noch allein und muss mich um die Kinder kümmern. Bitte warten Sie, bis meine Kollegin kommt, oder rufen Sie nach unserem Morgenkreis kurz an.«

Sich mit den vielfältigen Lebenssituationen der Eltern solidarisch zeigen

Da die Lebenssituationen und Familienentwürfe der Eltern vielfältig sind, begegnen die pädagogischen Fachkräfte in der Zusammenarbeit mit den Eltern der von ihnen betreuten Kinder sehr unterschiedlichen Familienalltagen (siehe Kapitel 6). Damit Eltern sich in der Kita respektiert fühlen und sich einbringen können, gilt es nicht nur, ihre individuelle Art, Familie zu leben, als Normalität zu begreifen und sichtbar zu machen. Pädagogische Fachkräfte sollten auch die besonderen Möglichkeiten und Beschränkungen der unterschiedlichen Familien berücksichtigen, sich in die organisatorischen und pädagogischen Angelegenheiten der Kita einzubringen.

- Vielfalt von Familien im Blick haben: Die pädagogischen Fachkräfte versuchen nicht nur, bei der Auswahl von Bilderbüchern und Materialien die Vielfalt der Familien abzubilden. Sie berücksichtigen auch bei der Planung von Aktivitäten die unterschiedlichen zeitlichen Möglichkeiten der Eltern. Sie laden die Eltern statt zu Abendveranstaltungen lieber am Nachmittag ein, sodass Alleinerziehende ihre Kinder mitbringen können. Bei Elternversammlungen bieten sie den Müttern und Vätern an, sich in Sprachgruppen an kleinen Tischen zusammenzufinden, und klären, ob an jedem Tisch jemand übersetzen kann. Sie achten darauf, dass die Wortbeiträge kurz sind, damit die Eltern, die übersetzen, hinterher kommen. Sie verlangen den Eltern für Feste und Ausflüge keine zusätzlichen Beiträge ab, damit Mütter und Väter, die über wenig finanzielle Mittel verfügen, nicht in unangenehme Situationen geraten. Und vieles mehr.

7.6 Handlungsaspekt 6: Emotionen
Wie können pädagogische Fachkräfte die emotionalen Aspekte von Elternpartizipation angemessen berücksichtigen?

Dass bei der Beteiligung von Eltern in Kindertageseinrichtungen auch Emotionen eine Rolle spielen, ist bereits in vielen Beispielen deutlich geworden. Die eigenen Sorgen und Wünsche zu benennen, die Reaktionen der anderen zu erfahren, mit ihnen zu verhandeln und zu entscheiden, sich mächtig oder auch ohnmächtig zu fühlen, all dies ist sowohl für Eltern als auch für pädagogische Fachkräfte mit einer Vielzahl von Gefühlen verbunden: Freude, wenn man gute Lösungen gefunden hat, Enttäuschung, wenn die eigenen Interessen nicht oder nur wenig Berücksichtigung finden, Anstrengung oder auch Langeweile bei langen Beteiligungsprozessen und vieles mehr.

Reflexionsaufgabe: Sich als Elternteil über das Handeln der Fachkräfte ärgern

Perspektivenwechsel

Versetzen Sie sich in die Rolle einer Mutter oder eines Vaters und stellen Sie sich folgende Situation vor: Die pädagogischen Fachkräfte planen, mit den Kindern eine Theateraufführung zu besuchen. Dafür wollen sie allerdings einen Beitrag von den Eltern erheben, den Sie beim besten Willen in diesem Monat nicht mehr aufbringen können. Auch wenn es Ihnen sehr unangenehm ist, ziehen Sie eine Fachkraft aus der Gruppe Ihres Kindes ins Vertrauen. Sie erzählen ihr von Ihren aktuellen finanziellen Problemen und dass sie das nicht an die große Glocke hängen, aber einfach mal fragen wollen, ob die Kita Ihnen dieses Mal die zusätzlichen Kosten erlassen könnte. Die Fachkraft verspricht, das zu klären. Am nächsten Morgen berichtet sie Ihnen freudestrahlend, dass sie mit der Leitung gesprochen habe und die mit dem Vorstand vom Förderverein, und der würde jetzt Ihren Anteil übernehmen. Sie sind beschämt und verärgert, dass nun ja wohl alle über Ihre Situation Bescheid wissen, und äußern der Fachkraft gegenüber ihre Enttäuschung, dass sie Ihr Vertrauen missbraucht und alles gleich überall herumposaunt hat.

Die Perspektive der Fachkraft

Die pädagogische Fachkraft hatte zwar wahrgenommen, dass es dem Elternteil peinlich war, sich aber auch gefreut, dass sich das Elternteil so vertrauensvoll an sie gewendet hat. Sie hat sich dann ins Zeug gelegt und zusammen mit der Leitung die Lösung mit dem Förderverein gefunden. Nun ist sie überrascht und auch ein bisschen empört, dass der Elternteil sich nicht dankbar zeigt, sondern ihr solche Vorwürfe macht.

Reflektieren Sie im Team: Was können pädagogische Fachkräfte tun, um mit Emotionen umzugehen, die mit Elternbeteiligung verbunden sind?

In dieser Situation wird die Herausforderung an pädagogische Fachkräfte deutlich, die Emotionen von Erziehungsbeteiligten aus dem familiären Umfeld wahrzunehmen und nachzuvollziehen und gleichzeitig mit den eigenen Emotionen umzugehen.

Ein angemessener Umgang mit Emotionen bei der Beteiligung von Müttern und Vätern in der Kita kann gelingen, wenn die pädagogischen Fachkräfte

- auf Emotionen von Eltern in Partizipationsprozessen angemessen reagieren,
- eigene Emotionen in Elternpartizipationsprozessen reflektieren.

Auf Emotionen von Eltern in Partizipationsprozessen angemessen reagieren

Insbesondere wenn Eltern in Partizipationsprozessen Gefühle wie Ärger, Trauer, Empörung oder Zorn zeigen, ist es für pädagogische Fachkräfte nicht immer leicht, professionell zu reagieren. Sie sind gefordert, die Emotionen der Eltern wahrzunehmen, ihnen Raum zu geben und Eltern gleichzeitig darin zu unterstützen, einen konstruktiven Umgang mit ihren Emotionen zu finden.

- Auf emotionale Äußerungen von Eltern sachlich reagieren: Als die Mutter morgens ihren Sohn in die Kita bringt, sagt sie in unfreundlichem Ton zur pädagogischen Fachkraft: »Können Sie bitte dafür sorgen, dass er satt ist, wenn ich ihn abhole! Schließlich zahle ich ja dafür und habe abends keine Zeit mehr zu kochen.« Die pädagogische Fachkraft schluckt den in ihr aufkeimenden Ärger herunter. Sie fragt sich, welche Gründe die Mutter haben mag, hier so einen Auftritt hinzulegen, und erwidert: »Ich sehe, dass Sie verärgert sind. Vielleicht haben Sie in den nächsten Tagen mal ein wenig Zeit, damit wir in Ruhe darüber sprechen können.«

Wenn es pädagogischen Fachkräften gelingt, in solchen Situationen mehr auf den sachlichen Inhalt und weniger auf den emotionalen Unterton zu reagieren, kann dies deeskalierend wirken und Gespräche möglich machen.

Eigene Emotionen in Elternpartizipationsprozessen reflektieren

Auch für pädagogische Fachkräfte selbst ist Elternpartizipation mit Gefühlen verbunden. Das beginnt bereits mit der Skepsis, mit der viele Fachkräfte dem Thema zunächst begegnen. Eltern in der Kita beteiligen zu sollen, kann mit der Sorge vor ausufernden Forderungen der Eltern oder mit einem erschöpften Gefühl, noch mehr Aufgaben ohne zusätzliche Ressourcen erledigen zu müssen, verbunden sein. Schwer auszuhalten, kann es für Fachkräfte zum Beispiel auch sein, wenn Mütter und Väter therapeutische Maßnahmen für ihr Kind zurückweisen, die die Fachkräfte für fachlich geboten halten. Schließlich können Fachkräfte durch das Verhalten von Eltern auch an persönlichen Grenzen berührt sein: So verstummt eine Fachkraft vielleicht, wenn sie sich einem Elternteil verbal unterlegen fühlt; eine andere Fachkraft reagiert vielleicht mit kühler Abweisung, wenn ein Elternteil ihre Nähe sucht.

- Eigene Gefühle Eltern gegenüber im Team reflektieren: Immer wieder versucht eine Mutter die pädagogische Fachkraft in ein Gespräch über private Themen zu verwickeln. In der Teamsitzung erzählt die Fachkraft, dass ihr das Verhalten der Mutter viel zu aufdringlich wäre und sie zunehmend eine Abneigung ihr gegenüber entwickeln würde. Eine Kollegin schlägt vor: »Ich glaube es ist das Beste, wenn ich mal das Gespräch mit der Mutter suche. Vielleicht kann ich mehr über den Hintergrund ihres Verhaltens erfahren.« Die Fachkraft ist erleichtert, durch ihre Kollegin Unterstützung zu erfahren.

7.7 Handlungsaspekt 7: Über Demokratie sprechen Warum sollten pädagogische Fachkräfte miteinander und mit Eltern über Demokratie sprechen?

Demokratische Partizipation erfordert, auch über Demokratie zu sprechen. Denn es kann sehr unterschiedlich sein, was Menschen unter Demokratie verstehen, vor allem wenn es darum geht, was Demokratie konkret meint. Bevor pädagogische Fachkräfte mit Eltern über Demokratie in der Kita und im Allgemeinen sprechen, ist es sinnvoll, sich zunächst selbst mit der Frage auseinanderzusetzen, was einen demokratischen Umgang der Menschen in der Kita ausmacht. Wenn die Fachkräfte dazu untereinander einen Grundkonsens erzielt haben, dürfte es ihnen auch besser gelingen, mit Eltern über Demokratie zu sprechen und in Situationen, in denen die Rechte von Menschen in der Kita verletzt werden, Stellung zu beziehen.

Reflexionsaufgabe: Als Elternteil erleben, dass demokratiefeindliches Verhalten hingenommen wird

Perspektivenwechsel

Versetzen Sie sich in die Rolle einer Mutter oder eines Vaters und stellen Sie sich folgende Situation vor: Als Sie Ihr Kind aus der Kita abholen, hören Sie, wie eine Mutter in der Garderobe zu anderen Eltern sagt: »Ich finde, inzwischen sind hier ganz schön viele Ausländer in der Kita. Ich will nicht, dass meine Tochter mit denen spielt. Das habe ich ihr auch gesagt.« Unweit der Mutter hilft eine pädagogische Fachkraft einem Kind gerade in die Jacke. Sie muss das doch gehört haben, denken Sie. Warum sagt sie dann nichts? Sie hat doch hier das Hausrecht. Sie sind irritiert, trauen sich allein aber auch nicht, etwas dazu zu sagen.

Die Perspektive der Fachkräfte

Die pädagogische Fachkraft hat die Aussage der Mutter gehört. Sie ist erschrocken und weiß im Moment nicht, wie sie reagieren soll. Auch wenn sie findet, dass die Mutter mit dieser Aussage eine Grenze überschritten hat, traut sie sich nicht einzuschreiten, zumal die anderen Eltern auch nicht reagieren. Später spricht sie das Thema mit ihren Kolleg:innen an. Die Fachkräfte sind sich einig, dass sie so etwas nicht stehen lassen können. Sie überlegen gemeinsam, wie sie in solchen Situationen künftig reagieren wollen und kommen überein, dass sie als Mitarbeiter:innen der Kita die Einhaltung demokratischer Grundprinzipien durchsetzen müssen.

Reflektieren Sie im Team: Was können pädagogische Fachkräfte tun, um Demokratie als Leitorientierung der Kita zu setzen?

Pädagogische Fachkräfte können in Kindertageseinrichtungen immer wieder in Situationen geraten, in denen sie entscheiden müssen, welche Äußerungen von Eltern sie tolerieren können und wann sie sich stattdessen positionieren und deutlich auf die Einhaltung demokratischer Prinzipien bestehen müssen. Das kann besonders herausfordernd sein, wenn die Fachkräfte nicht auf solche Situationen vorbereitet sind und spontan reagieren müssen. Reagieren sie dann, wie in diesem Beispiel, gar nicht, senden sie damit an alle Beteiligten das Signal, dass in dieser Kita solche Äußerungen nicht in Frage gestellt werden.

Über Demokratie sprechen meint insbesondere, dass pädagogische Fachkräfte
- Demokratie als Leitprinzip der pädagogischen Arbeit vertreten,
- sich gegenüber undemokratischem Verhalten positionieren.

Demokratie als Leitprinzip der pädagogischen Arbeit vertreten

Damit Demokratie Ziel und Handlungsprinzip der pädagogischen Arbeit in Kindertageseinrichtungen sein kann und auch die Zusammenarbeit mit den Eltern bestimmt, braucht es Verständigungsprozesse im Team darüber, was die pädagogischen Fachkräfte unter Demokratie konkret verstehen.

Reflexionsaufgabe: Unser gemeinsames Demokratieverständnis

Sammeln Sie auf einem Plakat Antworten auf die Frage:
- Was macht Demokratie in der Kita für mich konkret aus?

Diskutieren Sie, welcher Aspekt Ihnen am wichtigsten ist.

Wenn Sie sich auf einen (oder mehrere) Aspekte geeinigt haben, die Ihnen am wichtigsten sind, formulieren Sie den jeweiligen Aspekt als Leitsatz für Demokratie in Ihrer Einrichtung.

Wenn ein solcher Leitsatz für Demokratie in der Kita für alle sichtbar ist, können sich Fachkräfte und Eltern in Gesprächen stets auf ihn beziehen.

Pädagogische Fachkräfte sollten sich in Gesprächen über Demokratie in der Kita möglichst auf konkrete Situationen beziehen. Was als demokratisch verstanden wird, muss sich immer im konkreten Handeln der Akteur:innen abbilden.

- Über Demokratie in der Kita konkret sprechen: Jede Woche plant eine Essens-AG aus acht Kindern und der Hauswirtschaftskraft den Speiseplan der kommenden Woche. Im Eingangsbereich informiert ein Plakat unter der Überschrift »Das haben wir gemeinsam beschlossen« mit Bildern der Speisen Kinder und Eltern über das Ergebnis. Vor allem für neue Eltern ist das Plakat bisweilen Anlass, mit den pädagogischen Fachkräften darüber zu sprechen, ob es richtig ist, dass Kinder bestimmen, was es zu essen gibt. Die Fachkräfte begründen dies dann nicht nur, indem sie auf die zahlreichen Bildungsprozesse hinweisen, die das Verfahren den Kindern bietet. Sie betonen vor allem, dass es für sie ein demokratisches Grundprinzip ist, dass jeder Mensch und damit auch jedes Kind das Recht hat, über möglichst viele Entscheidungen mitzubestimmen, von denen es betroffen ist.

Insbesondere in Gesprächen über demokratische Rechte von Kindern und die demokratische Praxis in der Kita entstehen viele Möglichkeiten, mit Eltern über Demokratie zu sprechen.

Sich gegenüber undemokratischem Verhalten positionieren

Auch in der Kita kann es, wie oben bereits geschildert, passieren, dass Eltern oder Fachkräfte Dinge sagen oder tun, die andere als undemokratisch werten. Dies kann aus Unachtsamkeit geschehen oder weil jemand undemokratische politische Überzeugungen vertritt. In einer Kita mit einem demokratischen Selbstverständnis dürfen entsprechend der Menschenrechte, des Grundgesetzes und des Allgemeinen Gleichbehandlungsgesetzes sexistische, homophobe, rassistische, antisemitische, adultistische und andere diskriminierende Äußerungen oder Handlungsweisen nicht unwidersprochen stehen bleiben. So zum Beispiel, wenn das Recht eines Kindes auf gewaltfreie Erziehung eingeschränkt wird.

- Rechte von Kindern auch Erziehungsbeteiligten gegenüber einfordern: Eine Großmutter, die ihr Enkelkind abholen will, droht diesem, dass es gleich was hinter die Ohren kriegen würde, wenn es weiterhin so herumtrödelt. Als die Fachkraft der Großmutter daraufhin sagt, dass Kinder nicht geschlagen werden dürfen, erwidert diese, sie solle sich nicht einmischen, das müsse sie ja schließlich mit dem Kind klären. Die Reaktion der pädagogischen Fachkraft ist eindeutig. Sie sagt: »Ich sehe, dass Sie es eilig haben und dass es sie stört, dass ihre Enkelin so trödelt. Aber ich sage es noch einmal: Gewalt gegen Kinder, und dazu gehören auch Ohrfeigen, ist in Deutschland verboten. Und ich bitte Sie, nicht in diesem Ton mit ihrer Enkelin zu sprechen.«

Außerdem ist die Öffentlichkeit der Kita auch ein Raum, im dem politische Positionen geäußert und diskutiert werden. So sprechen Eltern über politische Entscheidungen, die Kindertageseinrichtungen betreffen, sie äußern Ärger oder Verständnis über politisches Handeln (zum Beispiel während der Covid-19-Pandemie) oder Sorgen über Umweltzerstörung, Kriege oder Gewalt.

- Sich gegenüber demokratiefeindlichen Äußerungen positionieren: Ein alleinerziehender Vater bringt seine Tochter täglich in die Kita und holt sie ab. Er ist meist freundlich, kooperativ und kümmert sich fürsorglich um seine Tochter. Einer Fachkraft fällt aber auf, dass er T-Shirts mit Symbolen trägt, die zwar nicht verboten sind, aber eine rechtsextreme Konnotation beinhalten. Nachdem sie sich mit ihren Kolleg:innen besprochen hat, bittet sie den Vater gemeinsam mit der Leitung um ein Gespräch, um mit ihm über seine T-Shirt-Aufdrucke zu reden.

In solchen Situationen zu reagieren, fällt vielen pädagogischen Fachkräften schwer, sind doch politische Themen in vielen Kitas aufgrund einer vermeintlichen Neutralität tabuisiert. Kindertageseinrichtungen als Institutionen des Kinder- und Jugendhilfesystems sind jedoch der Demokratie verpflichtet. Daher sollten pädagogische Fachkräfte bei einem Verdacht auf demokratiefeindliche Äußerungen und Handlungen von Eltern stets das Gespräch suchen und sich klar positionieren. Dafür ist es hilfreich, wenn sie sich im Team – gegebenenfalls mit Unterstützung einschlägiger Beratungsstellen – verständigt haben, welche Grenzen sie ziehen und wie sie auf ein Überschreiten dieser Grenzen reagieren werden. In dem geschilderten Beispiel könnten die Fachkräfte zunächst mit dem Vater thematisieren, ob ihm die Botschaft seiner T-Shirts bewusst ist, und ihm zumindest nahelegen, solche Symbole nicht in die Kita zu tragen.

Auch pädagogische Fachkräfte selbst können sich undemokratisch äußern oder verhalten. Dann ist es wichtig, dass andere Fachkräfte aus dem Team dieses ansprechen. Demokratische Elternpartizipation braucht ein Team, das sich immer wieder vergewissert, was es unter Demokratie versteht und sich darüber verständigt, welche Verhaltensweisen Grenzen überschreiten und deshalb nicht tolerierbar sind.

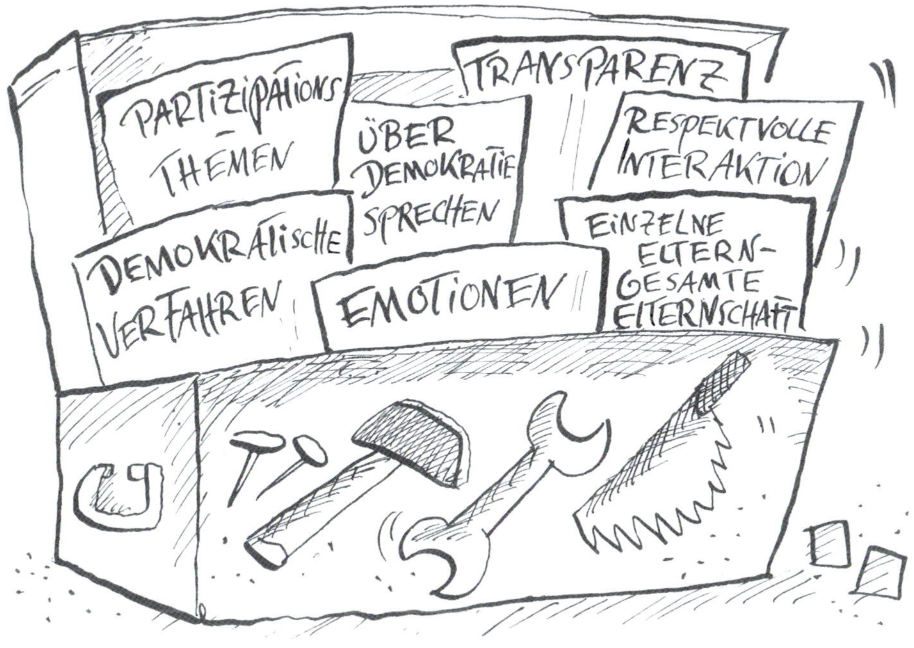

7.8 Zentrale Aspekte dieses Kapitels in Kürze

Elternbeteiligung gelingt vor allem dann, wenn Eltern gut informiert sind und die pädagogischen Fachkräfte bei der Gestaltung von Beteiligung die konkrete Lebenssituation der Eltern ihrer Einrichtung berücksichtigen. Dafür wurden in diesem Kapitel sieben Handlungsaspekte beschrieben, die in der umseitigen Tabelle noch einmal zusammengefasst sind. Die Tabelle ermöglicht einen raschen Überblick über die hier vorgestellten demokratischen Handlungsweisen pädagogischer Fachkräfte zur Gestaltung von Elternpartizipation. In der konkreten Arbeit sind diese Aspekte immer wieder untrennbar miteinander verknüpft. Dennoch ermöglicht solch ein differenzierter Zugang die Beteiligungsprozesse mittels einzelner Stellschrauben zu optimieren.

Reflexionsaufgabe: Aspekte didaktisch-methodischen Handelns pädagogischer Fachkräfte bezüglich der Elternpartizipation

Diskutieren Sie im Team, wie gut es Ihnen gelingt, die folgenden Handlungsaspekte von Elternbeteiligung zu berücksichtigen.

Handlungsaspekte	Reflexionsfragen: Wie gut gelingt es uns, ...
Handlungsaspekt 1: Transparenz Wie können pädagogische Fachkräfte Eltern wesentliche Angelegenheiten der Kita transparent machen?	• ... Informationen dann zur Verfügung zu stellen, wenn Eltern sie benötigen? • ... Informationen mehrfach und auf verschiedenen Kanälen zu geben (auch digital)? • ... Informationen für Eltern durch Beispiele zu konkretisieren? • ... bei der Herstellung von Transparenz an den Lebenslagen und Lebenswelten der Eltern anzuknüpfen?
Handlungsaspekt 2: Partizipationsthemen Wie können pädagogische Fachkräfte Themen zu Partizipationsthemen für Eltern machen?	• ... mögliche Beteiligungsthemen von Müttern und Vätern aufzugreifen? • ... Situationen zu gestalten, in denen Eltern ihre Themen einbringen können? • ... selbst Themen einzubringen, bei denen wir Eltern beteiligen wollen?
Handlungsaspekt 3: Demokratische Verfahren Wie können pädagogische Fachkräfte Eltern in Meinungsbildungs- und Entscheidungprozessen unterstützen?	• ... Beteiligungsgremien mittels einer ›Geschäftsordnung‹ zu strukturieren? • ... die Verfahren in den Gremiensitzungen didaktisch zu gestalten?
Handlungsaspekt 4: Einzelne Eltern und gesamte Elternschaft Wie können pädagogische Fachkräfte zwischen Einzelinteressen von Eltern und der Elternschaft als Ganzem demokratisch vermitteln?	• ... Eltern zu unterstützen, sich in der Kita-Öffentlichkeit zu äußern? • ... grundlegende Gemeinsamkeiten der Eltern bezüglich der Erziehung und Bildung ihrer Kinder herauszuarbeiten? • ... kontroverse Auseinandersetzungen der Eltern über die Erziehung und Bildung ihrer Kinder zu begleiten? • ... auch eigene fachliche Positionen machtsensibel einzubringen?
Handlungsaspekt 5: Respektvolle Interaktionen Was sollten pädagogische Fachkräfte beachten, wenn sie mit Eltern respektvoll interagieren wollen?	• ... Eltern gegenüber professionelle Zugewandtheit zu zeigen? • ... aufmerksam zu sein für mögliche Partizipationsthemen der Eltern • ... sich mit der Lebenssituation der Eltern solidarisch zu zeigen?
Handlungsaspekt 6: Emotionen Wie können pädagogische Fachkräfte die emotionalen Aspekte von Elternpartizipation angemessen berücksichtigen?	• ... auf Emotionen von Eltern in Partizipationsprozessen angemessen zu reagieren? • ... eigene Emotionen in Elternpartizipationsprozessen zu reflektieren?
Handlungsaspekt 7: Über Demokratie sprechen Warum sollten pädagogische Fachkräfte miteinander und mit Eltern über Demokratie sprechen?	• ... Demokratie als Leitprinzip der pädagogischen Arbeit zu vertreten? • ... sich gegenüber undemokratischem Verhalten zu positionieren?

8 Zur Umsetzung eines Konzepts für Elternpartizipation

Mit dieser Veröffentlichung machen wir einen Vorschlag zur Entwicklung von einrichtungsspezifischen Konzepten für Elternpartizipation. Wir haben versucht zu beschreiben, was Elternpartizipation beinhaltet und welche Anforderungen die Gestaltung von Elternpartizipation an das Handeln pädagogischer Fachkräfte stellt. Die Implementierung eines solchen Konzepts für Elternpartizipation ist für alle Beteiligten zunächst mit zusätzlicher Arbeit verbunden. Je sicherer die Fachkräfte, Leitungen und Träger aber bei der Beteiligung von Müttern und Vätern werden, desto selbstverständlicher wird die Beteiligung von Eltern und desto stärker werden sie vermutlich auch positive Wirkungen von Elternpartizipation erleben.

Die konkrete Beteiligung von Erziehungsbeteiligten aus dem familiären Umfeld geschieht überwiegend durch die pädagogischen Fachkräfte und die Einrichtungsleitungen. Im Folgenden deuten wir exemplarisch an, wie Kita-Teams das hier vorliegende Konzept dafür nutzen können und welche Unterstützung die Fachkräfte dafür benötigen.

8.1 Wie Kitas mit diesem Konzept arbeiten können

Die hohe Komplexität von Elternbeteiligung stellt Leitungen und Teams vor die Frage, wie sie für ihre Kita auf der Basis der hier beschriebenen Bausteine ein einrichtungsspezifisches Konzept für Elternpartizipation entwickeln und im Alltag umsetzen können. Wir empfehlen grundsätzlich, dabei nicht zu viel auf einmal zu wollen, sondern schrittweise vorzugehen. Gegebenenfalls kann es auch sinnvoll sein, sich in diesem Prozess extern begleiten zu lassen.

Auch wenn jede Kita ihren eigenen Weg finden muss, Elternpartizipation umzusetzen, beschreiben wir im Folgenden eine mögliche Weise, wie Einrichtungsleitungen, Fachberatungen oder Fortbildner:innen Kita-Teams in der Auseinandersetzung mit diesem Konzept begleiten können.

Schritt 1: Erste Eindrücke über die Konzeptbausteine austauschen

Zunächst muss jede pädagogische Fachkraft die Möglichkeit haben, die Konzeptbausteine kennenzulernen. Dies kann durch die Lektüre des vorliegenden Textes geschehen oder durch eine komprimierte Präsentation der Inhalte. Wenn die Fachkräfte anschließend nach ihren ersten spontanen Reaktionen auf das Konzept befragt werden – was ihnen neu ist, was sie schwierig finden, welche Fragen sie haben –, entsteht ein aktuelles Stimmungsbild zum Thema Elternpartizipation in diesem Team. Der gemeinsame Austausch über dieses Stimmungsbild kann bereits in die Entscheidung münden, ob das Team mit dem Konzept weiter arbeiten will.

Schritt 2: Klären, welche Elemente des Konzepts in der Kita bereits umgesetzt werden

Auch wenn Elternpartizipation, wie sie in diesem Konzept beschrieben wird, komplexe Anforderungen an pädagogische Fachkräfte formuliert, kann wohl jedes Kita-Team bereits auf Erfahrungen mit der Beteiligung von Müttern und Vätern im Kita-Alltag zurückgreifen. Eine Bestandsaufnahme der aktuellen Praxis der Elternpartizipation in der Kita kann auch dazu beitragen, die Hürde, sich weiter mit dem Konzept zu befassen, niedriger erscheinen zu lassen. Analysiert werden kann, in welchen Themenbereichen die Fachkräfte Eltern bereits beteiligen, wie sie dabei vorgehen, welche Gremien es dafür gibt und was ihnen ihrer Meinung nach bereits gut gelingt beziehungsweise was ihnen eher schwerfällt.

Schritt 3: Sich den rechtlichen Rahmen für Elternpartizipation bewusst machen

Personensorgeberechtigte verfügen über einige unhintergehbare Selbstbestimmungsrechte bezüglich der Erziehung, Bildung und Betreuung ihrer Kinder und ein umfassendes Informationsrecht über wesentliche Angelegenheiten der Erziehung, Bildung und Betreuung in der Kita (siehe Kapitel 2 und 5). Elternpartizipation beginnt damit, dass Kita-Teams sich diesen rechtlichen Rahmen vergegenwärtigen. Daran knüpfen sich die Fragen, ob die Selbstbestimmungsrechte der Eltern im Kita-Alltag hinreichend berücksichtigt werden und wie gut es den pädagogischen Fachkräften gelingt, allen Müttern und Vätern die wesentlichen pädagogischen und organisatorischen Angelegenheiten der Kita transparent zu machen (siehe Kapitel 7, Handlungsaspekt 1). Die Erziehungsbeteiligten aus dem familiären Umfeld der Kinder angemessen zu informieren, dürfte zugleich wesentlich dazu beitragen, Konflikten zwischen Kindertageseinrichtungen und Eltern vorzubeugen. Kommen die Fachkräfte zu dem Schluss, dass ihnen das bislang nicht ausreichend gelingt, könnten sie sich zunächst darauf konzentrieren, mehr Transparenz für alle Eltern herzustellen.

Schritt 4: Einzelne Themen(bereiche) auswählen, bei denen Elternpartizipation konkretisiert werden soll

In Kapitel 3 haben wir die große Bandbereite möglicher Themen von Elternpartizipation in fünf Beteiligungsfeldern beschrieben. Um Mütter und Väter über die bloße Information hinaus zu beteiligen, empfehlen wir, dies zunächst bezüglich einzelner Themen oder Themenbereiche zu tun. Dazu könnten die Fachkräfte sich fragen, welche Themen(bereiche) in der Zusammenarbeit mit den Eltern aktuell obenauf liegen: Ist das beispielsweise der gesamte Themenbereich ›Pädagogische Angebote‹ oder das konkrete Thema, dass Eltern wünschen, die Kita möge mehr Ausflüge mit den Kindern unternehmen? Haben die Fachkräfte einmal Erfahrungen damit gesammelt, die Beteiligungsrechte der Eltern bezüglich eines Themas oder Themenbereichs zu klären und deren Beteiligung didaktisch-methodisch zu begleiten, dürften sie diese leichter auf weitere Themen(bereiche) übertragen können.

Die Fachkräfte können zu Beginn sowohl Themen(bereiche) auswählen, bei denen Eltern auf ihre Beteiligung dringen, oder solche, bei denen ihnen selbst an der Beteiligung der Eltern gelegen ist (siehe Kapitel 7, Handlungsaspekt 2). Dabei muss es sich nicht gleich um Themen(bereiche) handeln, die besonders konfliktbeladen sind.

↗ Siehe Arbeitsbogen 1 (»Themenfindung«) im Download

Schritt 5: Entscheiden, welche konkreten Beteiligungsrechte die Eltern bei diesen Themen(bereichen) haben sollen

Im nächsten Schritt kann das Kita-Team (gegebenenfalls unter Beteiligung des Trägers) klären, welche konkreten Beteiligungsrechte die Eltern jeweils haben sollen. Geht es dabei um einen ganzen Themenbereich, beginnt der Klärungsprozess damit, die einzelnen Themen herauszuarbeiten, über die in diesem Themenbereich üblicherweise zu entscheiden ist. In Kapitel 3 haben wir uns in der Regel auf jeweils drei Themenbeispiele pro Themenbereich beschränkt. Möglicherweise gibt es aber mehr Themen, für die entschieden werden soll, ob die Mütter und Väter lediglich Informationsrechte oder darüber hinausgehend Rechte auf Anhörung, Mitbestimmung oder Selbstbestimmung erhalten sollen (siehe Kapitel 5).

↗ Siehe Arbeitsbogen 2 (»Rechteklärung«) im Download

Schritt 6: Prüfen, welche Elternbeteiligungsgremien benötigt werden

Wenn die Kita den Eltern für die ausgewählten Themen(bereiche) Anhörungs- und Mitbestimmungsrechte eingeräumt hat, wäre zu prüfen, ob die Elternbeteiligungsgremien, die es aktuell in der Kita gibt, ausreichen, um alle Eltern zu erreichen, oder welche anderen Gremien ihnen darüber hinaus angeboten werden sollen. Die formell vorgeschriebenen Gremien (siehe Kapitel 2) sprechen erfahrungsgemäß nicht alle Eltern an und sollten gegebenenfalls um informellere Formate ergänzt werden (siehe Kapitel 5).

↗ Siehe Arbeitsbogen 3 (»Gremien«) im Download

Schritt 7: Klären, was diese Themen(bereiche) für die konkreten Eltern der Kita bedeuten

Wie Mütter und Väter von den gewählten Themen(bereichen) betroffen sind, kann sehr unterschiedlich sein. Daher gilt es, vor der Klärung der Beteiligungsrechte und Überlegungen zur konkreten Umsetzung der Beteiligung im Team zu klären, welche Bedeutung die gewählten Themen(bereiche) im Lebensalltag der konkreten Mütter und Väter haben (siehe Kapitel 6).

↗ Siehe Arbeitsbogen 4 (»Vielfalt«) im Download

Schritt 8: Elternbeteiligung didaktisch-methodisch begleiten

Damit dann möglichst alle Mütter und Väter die ihnen in den ausgewählten Themen(bereichen) zugestandenen Partizipationsrechte wahrnehmen können, ist es hilfreich, wenn die pädagogischen Fachkräfte dies durch ihr Handeln unterstützen. Eine besondere Bedeutung hat dabei in der Regel, den Eltern rechtliche und fachliche Aspekte der Erziehung, Bildung und Betreuung der Kinder in der Kita und der Beteiligung der Eltern daran transparent zu machen. Welche der in Kapitel 7 vorgestellten didaktisch-methodischen Hinweise die Fachkräfte darüber hinaus aufgreifen, weiterentwickeln oder ergänzen, wird auch davon beeinflusst, ob es um Themen(bereiche) geht, die beispielsweise die Entwicklung des einzelnen Kindes, das pädagogische Handeln der Fachkräfte oder Fragen der Organisation und Struktur der Kita betreffen. Die folgenden Fragen können für die konkrete Planung der Beteiligungsprozesse hilfreich sein:

- Was können die pädagogischen Fachkräfte tun, um Eltern diese Themen(bereiche) sowie die ihnen diesbezüglich zustehenden Partizipationsrechte transparent zu machen (siehe Kapitel 7, Handlungsaspekt 1)?
- Wie können die Fachkräfte Eltern unterstützen, sich zu den konkreten Inhalten dieser Themen(bereiche) Meinungen zu bilden, diese zu äußern und gegebenenfalls Entscheidungen zu fällen (siehe Handlungsaspekt 3)?
- Wie können die Fachkräfte in den Beteiligungsprozessen bezüglich dieser Themen(bereiche) gegebenenfalls zwischen Einzelinteressen von Eltern und dem Interesse der Elternschaft als Ganzem demokratisch vermitteln (siehe Handlungsaspekt 4)?
- Welche spezifischen Anforderungen stellt die Gestaltung einer respektvollen Interaktion bezüglich dieser Themen(bereiche) gegebenenfalls an die Fachkräfte (siehe Handlungsaspekt 5)?
- Mit welchen Emotionen müssen die Fachkräfte in diesem Themen(bereich) bei Eltern (aber auch bei sich selbst) rechnen und wie können sie diese angemessen berücksichtigen (siehe Handlungsaspekt 6)?
- Inwiefern sollten die Fachkräfte in Bezug auf diesen Themen(bereich) auch über Demokratie sprechen (siehe Handlungsaspekt 7)?

↗ Siehe Arbeitsbögen 5 (»Handlungsaspekt Transparenz«) und 6 (»Weitere Handlungsaspekte«) im Download

Schritt 9: Einen konkreten Handlungsplan erarbeiten

Die Schritte 4 bis 8 kann das Kita-Team in konkreten Handlungsplänen zur Umsetzung der Elternbeteiligung bündeln. Solche Handlungspläne legen konkret fest, wer was mit wem bis wann machen soll:

- Wer übernimmt die Aufgabe?
- Was soll ganz konkret getan werden?
- Wer soll oder muss dabei eingebunden werden (beispielsweise Hauswirtschaftskräfte, Kinderschutzfachkräfte oder Trägervertreter:innen)?
- Wann oder bis wann soll das geschehen?

8.2 Was pädagogische Fachkräfte unterstützen kann, Eltern zu beteiligen

Damit Kita-Teams die komplexe Aufgabe, Mütter und Väter an wesentlichen Angelegenheiten der Kita zu beteiligen, gut bewältigen können, brauchen sie in der Regel Unterstützung. Daher skizzieren wir abschließend, was die verschiedenen Akteur:innen im Feld von Kindertageseinrichtungen zur Gestaltung von Elternpartizipation in der Kita beitragen können und welche Unterstützung sie selbst gegebenenfalls benötigen.

Fachkräfte-Teams

Die pädagogischen Fachkräfte haben im Kita-Alltag den direktesten Kontakt zu den Müttern und Vätern und sind damit die wichtigsten Akteur:innen in der Gestaltung von Elternpartizipation. Damit sie die vielen Aspekte, die allein im hier vorliegenden Konzept beschrieben werden, umsetzen können, sind sie auf Unterstützung insbesondere seitens der Leitung und des Trägers angewiesen (dazu unten mehr). Sie können sich jedoch auch untereinander stützen, indem sie das eigene Handeln im Team immer wieder gezielt im Hinblick auf den einen oder anderen der beschriebenen Aspekte reflektieren. Insgesamt hilft es, eine gehörige Portion Gelassenheit zu bewahren und nicht alles auf einmal zu wollen; sinnvoller ist es, Elternpartizipation Schritt für Schritt zu gestalten und zu erproben und dabei auch Umwege und mögliche Fehler zuzulassen.

Leitungen

Leitungen von Kindertageseinrichtungen haben eine Schlüsselfunktion für die Qualitätsentwicklung. Sie sind auch für die Umsetzung demokratischer Partizipation von Kindern und Eltern verantwortlich. Dazu ist es notwendig, Elternbeteiligung in der Konzeption konkret zu verankern und die Umsetzung in Qualitätsentwicklungsprozessen zu reflektieren.

Die Entwicklung und Umsetzung eines Konzepts für Elternpartizipation in der Kita verlangt eine klare Positionierung der Leitung. Gleichzeitig ist sie gefordert, auch die Beteiligung von Eltern als einen Bildungsprozess der Fachkräfte zu verstehen, der individuell unterschiedlich stattfindet. Demokratische Partizipation von Kindern und Eltern verändert das Machtgefüge in der Kita und ist damit immer auch ein Organisationsentwicklungsprozess. Dabei sollten sich die pädagogischen Fachkräfte insbesondere in Konfliktsituationen darauf verlassen können, dass die Leitung fair agiert und sich gegebenenfalls auch schützend vor sie stellt.

Damit die Leitung ihr Team bei der Umsetzung von Elternpartizipation unterstützen kann, benötigt sie in der Regel auch selbst Unterstützung, zum Beispiel in Form von pädagogischer Fachberatung oder eines regelmäßigen Austausches mit anderen Leitungen. Und auch sie braucht die Gewissheit, in Konfliktsituationen Beistand von ihrem Träger zu erhalten.

Träger

In Deutschland gibt es eine breite Trägerlandschaft von Kindertageseinrichtungen. Mit dem Erhalt ihrer Betriebserlaubnis verpflichten sich die Träger, das Wohl des Kindes in der Kita zu sichern und die gesetzlich vorgeschriebenen Mindeststandards einzuhalten. Dazu gehört auch, die Beteiligung von Eltern entsprechend den gesetzlichen Vorgaben zu ermöglichen (siehe Kapitel 2).

Damit Elternpartizipation für Fachkräfte-Teams und Leitungen in den einzelnen Einrichtungen als verbindliche Aufgabe verstanden wird, ist es hilfreich, dass der Träger sich klar zu Demokratie als Leitorientierung positioniert und demokratische Partizipation in einer Rahmenkonzeption und den Qualitätsentwicklungsverfahren verankert. Der Träger ist auch gefordert, Leitungen und Teams bei der Umsetzung von Elternpartizipation zu unterstützen, beispielsweise durch die Bereitstellung pädagogischer Fachberatung oder ausreichender Zeitressourcen für die Planung und Reflexion.

Dabei benötigen Trägervertreter:innen, die selbst keine Fachexpertise in der Frühpädagogik mitbringen, gegebenenfalls selbst Unterstützung, zum Beispiel durch pädagogische Fachberatung.

Pädagogische Fachberatungen

Damit pädagogische Fachberatungen Träger, Leitungen und Fachkräfte-Teams bei der Entwicklung und Umsetzung eines Konzepts für Elternpartizipation unterstützen und das Thema in ihren Beratungsprozessen immer wieder einbringen können, sollten sie selbst mit diesem Thema hinreichend vertraut sein. Insbesondere bei größeren Trägern, die auf einen Pool von pädagogischen Fachberatungen zurückgreifen können, lässt sich der Trend beobachten, dass Fachberatungen bestimmte inhaltliche Schwerpunkte verkörpern. Einer dieser Schwerpunkte sollte dabei demokratische Partizipation von Kindern und Eltern sein.

Ausbildungen/Studiengänge

Es ist anzunehmen, dass die Zusammenarbeit mit Eltern bereits Inhalt in den Ausbildungen und Studiengängen ist. So sieht der Rahmenlehrplan für die Fachschule für Sozialpädagogik (Kultusministerkonferenz 2020) den fachbezogenen Lernbereich »Erziehungs- und Bildungspartnerschaft mit Eltern und Bezugspersonen gestalten sowie Übergänge unterstützen« (ebd., S. 18) mit mindestens 80 Unterrichtsstunden vor. Auch Partizipation wird als Querschnittsaufgabe genannt (ebd., S. 4), allerdings nur in Bezug auf Kinder und Jugendliche. Insofern ist anzunehmen, dass Elternpartizipation in den Ausbildungen und vermutlich auch den kindheitspädagogischen und sozialpädagogischen Studiengängen bislang eine untergeordnete Rolle spielt. Die Ausbildungen und Studiengänge sind gefordert, das Thema demokratische Partizipation von Eltern in ihre Curricula aufzunehmen und auch die didaktisch-methodische Umsetzung zu behandeln. Die vorliegende Veröffentlichung kann ihnen dazu erste Hinweise geben. Wissenschaftliche Einrichtungen sind darüber hinaus gefordert, Elternpartizipation auch in ihren Forschungsaktivitäten stärker zu beleuchten.

Demokratische Partizipation in der ganzen Kita – ein Ausblick

Demokratie ist auch in der Kita nicht partiell, also nur durch Partizipation der Kinder, realisierbar. Demokratische Partizipation von Kindern in Kindertageseinrichtungen kann nur gelingen, wenn die ganze Einrichtung als ein demokratischer Ort entwickelt wird. Das beinhaltet neben der Beteiligung von Kindern im Kita-Alltag auch die Partizipation von Müttern und Vätern. Und auch die Mitarbeitenden in der Kita haben ein Recht darauf, demokratisch beteiligt zu werden.

Demokratie als Leitprinzip ist ein Versprechen, das in der Praxis immer wieder aufs Neue belebt und weiterentwickelt werden muss.

9 Anhang

9.1 Literatur

Anderberg, Dan; Rainer, Helmut; Siuda, Fabian (2022): Der Einfluss der Covid-19-Pandemie auf häusliche Gewalt – neue Ansätze zur Quantifizierung mittels Google-Suchdaten. In: ifo Schnelldienst 1/2022. S. 32-34. https://www.ifo.de/DocDL/sd-2022-01-anderberg-rainer-siuda-haeusliche-gewalt-covid-19.pdf (Abruf 06.09.2022).

Bartosch, Ulrich (2011): Missbrauchte Macht – Pädagogik als Unterdrückung. In: Flocke, Vera; Schoneville, Holger (Hrsg.): Differenz und Dialog. Anerkennung als Strategie der Konfliktbewältigung?. Berlin: Berliner Wissenschafts-Verlag. S. 123-137.

BEAK Pankow (Bezirkselternausschuss in Pankow) (o.J.): Kann die Kita die Öffnungszeiten einfach kürzen oder die Kita wegen Personalmangel spontan schließen?. https://beak-pankow.de/faq/kann-die-kita-die-oeffnungszeiten-einfach-kuerzen-oder-die-kita-wegen-personalmangel-spontan-schliessen/ (Abruf: 20.10.2022).

Becker-Textor, Ingeborg (1999): Eltern als Auftraggeber und Kunden – Konstruktive Irritationen für die klassische Elternarbeit. https://www.kindergartenpaedagogik.de/fachartikel/elternarbeit/elternarbeit- grundsaetzliches-ueberblicksartikel/54/ (Abruf: 01.09.2022).

Bertram, Hans (2005): Die drei Revolutionen: Krise und Wandel der Familie. https://www.researchgate.net/profile/Hans-Bertram/publication/260134642_Die_drei_Revolutionen_Krise_und_Wandel_der_Familie/links/5edcf30f45851529453fd61e/Die-drei-Revolutionen-Krise-und-Wandel-der-Familie.pdf (Abruf: 07.09.2022).

Betz, Tanja (2015): Das Ideal der Bildungs- und Erziehungspartnerschaft. Kritische Fragen an eine verstärkte Zusammenarbeit zwischen Kindertageseinrichtungen, Grundschulen und Familien. Gütersloh: Bertelsmann Stiftung.

Betz, Tanja; Bischoff-Pabst, Stefanie; Eunicke, Nicoletta; Menzel; Britta (2019): Kinder zwischen Chancen und Barrieren. Zusammenarbeit zwischen Kita und Familie: Perspektiven und Herausforderungen. Gütersloh: Bertelsmann Stiftung.

Bourdieu, Pierre (1983): Ökonomisches Kapital, kulturelles Kapital, soziales Kapital. In: Kreckel, Reinhard (Hrsg.): Soziale Ungleichheiten. Soziale Welt, Sonderheft 2. Göttingen: Verlag Otto Schwartz. S. 183-198.

Bundesministerium für Frauen und Jugend (Hrsg.) (1990): 8. Jugendbericht. Bericht über Strebungen und Leistungen der Jugendhilfe. Bonn: Deutsches Jugendinstitut.

Bundesministerium für Familie, Senioren, Frauen und Jugend (Hrsg.) (2002): 11. Kinder- und Jugendbericht. Bericht über die Lebenssituation junger Menschen und die Leistungen der Kinder- und Jugendhilfe in Deutschland. Berlin: Deutsches Jugendinstitut.

Bundesministerium für Familie, Senioren, Frauen und Jugend (2020): Familie heute. Daten. Fakten. Trends. Familienreport 2020. https://www.bmfsfj.de/resource/blob/163108/ceb1abd3901f50a0dc484d899881a223/familienreport-2020-familie-heute-daten-fakten-trends-data.pdf (Abruf: 22.10.2022).

Bundeszentrum für Ernährung (2019): Vegane Ernährung für Kleinkinder ungeeignet. Nährstoffmangel gefährdet Gesundheit des Kindes. https://www.bzfe.de/ernaehrung/ernaehrungswissen/in-bestimmten-lebensphasen/wenn-kinder-kein-gemuese-moegen/vegane-ernaehrung-fuer-kleinkinder-ungeeignet/ (Abruf: 15.11.2022).

Butterwegge, Carolin (2017): Kinderarmut in Deutschland: mehrdimensionale Erscheinungsformen und sozialräumliche Ausprägungen. Hrsg.: FGW – Forschungsinstitut für gesellschaftliche Weiterentwicklung (e.V.). https://www.fgw-nrw.de/fileadmin/user_upload/ Impuls-ISE-01-Butterwegge- A1-Web.pdf (Abruf: 22.10.2022).

Deutscher Tierschutzbund e.V. (o.J.): Schächten. https://www.tierschutzbund.de/information/hintergrund/landwirtschaft/schaechten/ (Abruf: 15.11.2022).

Deutscher Verein für öffentliche und private Fürsorge (2020): Empfehlungen des Deutschen Vereins für die Stärkung von Familienzentren. https://www.google.com/url?sa=t&rct=j&q=&esrc=s&source=web&cd=&ved=2ahUKEwjfmK2404D6AhXSRPEDHbDECeoQFnoECAMQAw&url=https%3A%2F%2Fwww.deutscher-verein.de%2Fde%2Fuploads%2Fempfehlungen-stellungnahmen%2F2020%2Fdv-28-18_staerkung-familienzentren.pdf&usg=AOvVaw08KPp5VhfJlsQOxtxdD_6R (Abruf: 06.09.2022).

Deutsches Rotes Kreuz (Hrsg.) (2008): Leitbild der DRK-Kindertageseinrichtung. Berlin: Deutsches Rotes Kreuz e.V.

Deutsches Rotes Kreuz (Hrsg.) (2016-2022): Fachveröffentlichungsreihe »Curriculum: Was MACHT was?!«. Berlin: Deutsches Rotes Kreuz e.V. https://drk-wohlfahrt.de/demokratie-leben/download/ (Abruf: 10.09.2022).

DGE Deutsche Gesellschaft für Ernährung e.V. (Hrsg.) (2022): DGE-Qualitätsstandard für die Verpflegung in Kitas. Bonn: Deutsche Gesellschaft für Ernährung e.V.

Eylert, Andreas (2012): Elternmitbestimmung in der Kita: Rechtliche Rahmenbedingungen und institutionalisierte Formen. In: Stange, Waldemar; Krüger, Rolf; Henschel, Angelika; Schmitt, Christof (Hrsg.): Erziehungs- und Bildungspartnerschaften. Grundlagen und Strukturen von Elternarbeit. Wiesbaden: Springer VS. S. 190-196.

Hansen, Rüdiger (2022): »Liberale Demokratie« in der Kita – Schutz und gleiche Freiheit für alle Verschiedenen. In: Knauer, Raingard; Sturzenhecker, Benedikt: Demokratische Partizipation und Inklusion in Kindertageseinrichtungen. Weinheim, Basel: Beltz Juventa. S. 186-199.

Hansen, Rüdiger; Knauer, Raingard (2014 ff.): Leon und Jelena. Geschichten vom Mitbestimmen und Mitmachen in der Kita. Gütersloh: Bertelsmann Stiftung.

Hansen, Rüdiger; Knauer, Raingard (2015): Das Praxisbuch: Mitentscheiden und Mithandeln in der Kita. Gütersloh: Verlag Bertelsmann Stiftung.

Hansen, Rüdiger; Knauer, Raingard (2016): Beschwerdeverfahren für Kinder in Kindertageseinrichtungen. Konzeptionelle Grundlagen. In: Knauer, Raingard; Sturzenhecker, Benedikt: Demokratische Partizipation von Kindern. Weinheim, Basel: Beltz Juventa. S. 47-73.

Hansen, Rüdiger; Knauer, Raingard; Redecker, Sabine (2022): Was tun pädagogische Fachkräfte im Kita-Alltag, um Kinder demokratisch zu beteiligen – eine Fallstudie. In: Knauer, Raingard; Sturzenhecker, Benedikt: Demokratische Partizipation und Inklusion in Kindertageseinrichtungen. Weinheim, Basel: Beltz Juventa. S. 244-273.

Hansen, Rüdiger; Knauer, Raingard; Sturzenhecker, Benedikt (2011): Partizipation in Kindertageseinrichtungen. So gelingt Demokratiebildung mit Kindern!. Weimar, Berlin: verlag das netz.

Herrmann, Karsten; Sauerhering, Meike; Völker, Susanne: Vielfalt leben und erleben! Chancen und Herausforderungen der Heterogenität. Hrsg.: Niedersächsisches Institut für frühkindliche Bildung und Entwicklung. https://www.nifbe.de/images/nifbe/Aktuelles_Global/2018/Vielfalt.pdf (Abruf: 11.09.2022).

Hildebrandt, Frauke; Walter-Laager, Catherine; Flöter, Manja; Pergande, Bianka (2021): BiKA – Beteiligung im Kita-Alltag. Abschlussbericht zur Studie. Hrsg.: Fachhochschule Potsdam/Entwicklungsinstitut PädQUIS/An-Institut der Alice Salomon Hochschule/Kooperationsinstitut der Universität Graz.

Honneth, Axel (2003): Kampf um Anerkennung. Zur moralischen Grammatik sozialer Konflikte. Frankfurt am Main: Suhrkamp.

Jurczyk, Karin (2014): Doing Family – der Practical Turn der Familienwissenschaften. In: Steinbach, Anja; Hennig, Marina, Arránz Becker, Oliver (Hrsg.): Familie im Fokus der Wissenschaft. Wiesbaden: Springer VS. S. 117-137.

Jurczyk, Karin (2017): Elternschaftliches Neuland. In: Deutsches Jugendinstitut e.V. (Hrsg.): DJI Impulse. Das Forschungsinstitut des Deutschen Jugendinstituts 4/17. S. 4-9.

Jurczyk, Karin; Keddi, Barbara; Lange, Andreas; Zerle, Claudia (2009): Zur Herstellung von Familie, DJI Bulletin PLUS, 4. Jg., H. 88. S. I-VIII.

Griebel, Wilfried; Niesel, Renate (2011): Übergänge verstehen und begleiten. Transitionen in der Bildungslaufbahn von Kindern. Berlin: Cornelsen Scriptor.

Korczak, Janusz (1967/1992): Wie man ein Kind lieben soll. Göttingen: Vandenhoek & Ruprecht.

Kramer, Maren; Gutknecht, Dorothee (2018): Schlafen in der Kinderkrippe. Achtsame und konkrete Gestaltungsmöglichkeiten. Freiburg, Basel, Wien: Herder.

Kraus, Björn (2016): Macht – Hilfe – Kontrolle. Grundlegungen und Erweiterungen eines systemisch-konstruktivistischen Machtmodells. In Kraus, Björn; Krieger, Wolfgang (Hrsg.): Macht in der Sozialen Arbeit. Interaktionsverhältnisse zwischen Kontrolle, Partizipation und Freisetzung. Lage: Jacobs-Verlag. S. 101-130.

Kultusministerkonferenz (2003 i.d.F. von 2022): Bildung und Erziehung als gemeinsame Aufgabe von Eltern und Schule – Informationen der Länder über die Zusammenarbeit von Eltern und Schule. https://www.kmk.org/fileadmin/Dateien/veroeffentlichungen_beschluesse/2018/2018_10_11-Dokumentation-Bildung-und-Erziehung.pdf (Abruf: 24.09.2022).

Kultusministerkonferenz (2020): Rahmenlehrplan für die Fachschule für Sozialpädagogik. https://www.kmk.org/fileadmin/Dateien/veroeffentlichungen_beschluesse/2020/2020_06_1 8-RVFS- RLP-Sozpaed.pdf (Abruf: 16.10.2022).

Laewen, Hans-Joachim; Andres, Beate (2002): Forscher, Künstler, Konstrukteure. Werkstattbuch zum Bildungsauftrag von Kindertageseinrichtungen. Neuwied, Kriftel, Berlin: Luchterhand.

Land Brandenburg (2021): Gerichtsentscheidungen. Entscheidung 4 U 26/21. https://gerichtsentscheidungen.brandenburg.de/gerichtsentscheidung/18550 (Abruf: 20.10.2022).

Leu, Hans-Rudolf; Fläming, Katja; Frankenstein, Yvonne; Koch, Sandra; Pack, Irene; Schneider, Kornelia; Schweiger, Martina (2007): Bildungs-und Lerngeschichten. Bildungsprozesse in früher Kindheit beobachten, dokumentieren und unterstützen. Weimar, Berlin: verlag das netz.

Luhmann, Niklas (1983): Legitimation durch Verfahren. Frankfurt am Main: Suhrkamp.

LVR Landschaftsverband Rheinland (Hrsg.) (2019): Kinderschutz in der Kindertagesbetreuung. Prävention und Intervention in der pädagogischen Arbeit. Köln: Landschaftsverband Rheinland.

Merkle, Tanja; Wippermann, Carsten (2008): Eltern unter Druck. Selbstverständnisse, Befindlichkeiten und Bedürfnisse von Eltern in verschiedenen Lebenswelten. Hrsg.: Henry-Huthmacher, Christine; Borchard, Michael. Stuttgart: Lucius & Lucius.

Neubauer, Mansour (2017-2022): Regeln der Einfachen Sprache. https://www.einfache-sprache.com/regeln.html (Abruf: 16.11.2022)

Peuckert, Rüdiger (2007): Zur aktuellen Lage der Familie. In: Ecarius, Jutta (Hrsg.): Handbuch Familie. Wiesbaden: VS Verlag für Sozialwissenschaften. S.36-56.

Pimmer-Jüsten, Burghard (2018): Elterngremien – aktueller Normenbestand der Landesrechte. In: KiTa aktuell Recht Nr. 4/2018. S. 117-121.

Prott, Roger; Hautumm, Annette (2004): 12 Prinzipien für eine erfolgreiche Zusammenarbeit von Erzieherinnen und Eltern. Berlin: verlag das netz.

Rechtsanwaltskanzlei Melchert (2021): Ordentliche Kündigung eines Betreuungsvertrags unwirksam. https://www.kita-rechtsanwalt.de/ordentliche-kuendigung-eines-betreuungs-vertrags-unwirksam/ (Abruf: 20.10.2022).

Redaktion Kita.de (2022): Betreuungsvertrag in der Kita: Was Sie über die Betreuungsvereinbarung wissen sollten. https://www.kita.de/wissen/betreuungsvertrag-kita/ (Abruf: 20.10.2022).

Schaarschuch, Andreas (2006): Dienstleistung. Das aktive Subjekt der Dienstleistung. In: Dollinger, Bernd; Raithel, Jürgen (Hrsg.): Aktivierende Sozialpädagogik. Ein kritisches Glossar. Wiesbaden: VS Verlag für Sozialwissenschaften. S. 91-107.

Schäfer, Gerd E. (Hrsg.) (2003): Bildung beginnt mit der Geburt. Förderung von Bildungsprozessen in den ersten sechs Lebensjahren. Weinheim, Berlin, Basel: Beltz.

Schleicher, Hans; Nothhafft, Susanne (2002/i.d.F. von 2016): Elterliche Sorge – Teil 2: Was bedeutet und umfasst elterliche Sorge eigentlich?. https://www.familienhandbuch.de/familie-leben/recht/ehe- familie/ElterlicheSorgeBedeutung.php (Abruf: 20.10.2022).

Tammen, Britta (2007): Der Schutzauftrag der Jugendhilfe bei Kindeswohlgefährdung im neuen Paragraph 8a SGB VIII. http://www.ev.-akademie-boll.de/fileadmin/res/otg680207-Tammen.pdf (Abruf: 04.09.2022).

Textor, Martin R. (2020): Bildungs- und Erziehungspartnerschaft in Kindertageseinrichtungen. Norderstedt: BoD – Books on Demand.

Thiersch, Hans (2019): Nähe und Distanz in der sozialen Arbeit. In: Dörr, Margret (Hrsg.): Nähe und Distanz. Ein Spannungsfeld pädagogischer Professionalität. Weinheim, Basel: Beltz Juventa. S. 42-59.

Thiersch, Renate (2006): Familie und Kindertageseinrichtungen. In: Bauer, Petra; Brunner, Ewald-Johannes (Hrsg.): Elternpädagogik. Von der Elternarbeit zur Erziehungspartnerschaft. Freiburg im Breisgau: Lambertus-Verlag. S. 95-98.

Viernickel, Susanne; Fuchs-Rechlin, Kirsten (2016): Fachkraft-Kind-Relationen und Gruppengrößen in Kindertageseinrichtungen. Grundlagen, Analysen, Berechnungsmodell. In: Viernickel, Susanne; Fuchs-Rechlin, Kirsten; Strehmel, Petra; Preissing, Christa; Bensel, Joachim; Haug-Schnabel, Gabriele (2016): Qualität für alle. Wissenschaftlich begründete Standards für die Kindertagesbetreuung. Freiburg im Breisgau: Herder. S. 11-130.

Spiegel, Hiltrud von (2021): Methodisches Handeln in der Sozialen Arbeit, 7. Auflage, München: Ernst Reinhardt Verlag.

Winkler, Michael (2006): Kritik der Pädagogik. Der Sinn der Erziehung. Stuttgart: Kohlhammer.

Winkler, Michael (2011): Erziehungs- und Bildungsziele, in: Otto, Hans-Uwe; Thiersch, Hans (Hrsg.): Handbuch Soziale Arbeit, 4. Auflage, München: Ernst Rheinhardt Verlag, S. 353-365.

WSI Wirtschafts- und Sozialwissenschaftliches Institut (o.J.): WSI Verteilungsmonitor. Armutsquoten von Kindern und Älteren in Deutschland. https://www.wsi.de/de/armut-14596-armutsquoten-kinder- und-aeltere-15193.htm (Abruf: 11.09.2022).

9.2 Verzeichnis der Arbeitsbögen

Arbeitsbogen 1:
Auswahl eines Themenbereichs, zu dem Elternpartizipation konkretisiert werden soll (»Themenfindung«)

Arbeitsbogen 2:
Klärung der Partizipationsrechte von Eltern bezüglich des ausgewählten Themenbereichs (»Rechteklärung«)

Arbeitsbogen 3:
Sicherstellung benötigter Gremien zur Partizipation von Eltern im ausgewählten Themenbereich (»Gremien«)

Arbeitsbogen 4:
Überlegungen zur Bedeutung des ausgewählten Themenbereichs für die jeweiligen Eltern (»Vielfalt«)

Arbeitsbogen 5:
Herstellung von Transparenz bezüglich des ausgewählten Themenbereichs für die jeweiligen Eltern (»Handlungsaspekt Transparenz«)

Arbeitsbogen 6:
Weitere didaktisch-methodische Überlegungen zur Begleitung von Elternpartizipation im ausgewählten Themenbereich (»Weitere Handlungsaspekte«)

Die Arbeitsbögen können über den Link https://www.betrifftkinder.eu/home/verlagsprogramm-181/praxismaterialien/2478-elternpartizipation-in-kindertageseinrichtungen.html, Passwort epikitavdn23 heruntergeladen werden.

9.3 Autor:innen

Rüdiger Hansen
Diplom-Sozialpädagoge, Freiberuflicher Referent mit dem Arbeitsschwerpunkt Demokratische Partizipation in Kindertageseinrichtungen. Mitautor der Konzepte »Die Kinderstube der Demokratie« und »Mitentscheiden und Mithandeln in der Kita«.

Prof. Dr. Raingard Knauer
Professorin für Erziehung und Bildung an der Fachhochschule Kiel im Ruhestand. Arbeitsschwerpunkte: Demokratische Partizipation, Erziehung und Bildung in Kindertageseinrichtungen. Mitautorin der Konzepte »Die Kinderstube der Demokratie« und »Mitentscheiden und Mithandeln in der Kita«.

Sabine Redecker
Kindheits- und Sozialwissenschaftlerin M.A., Kindheitspädagogin B.A., Lehrkraft für besondere Aufgaben an der Fachhochschule Kiel, Fachbereich Soziale Arbeit und Gesundheit, mit dem Schwerpunkt Kindheitspädagogik. Freiberufliche Referentin mit den Arbeitsschwerpunkten Partizipation, Elternkooperation und Bildung in Kindertageseinrichtungen.

Gemeinsam sind sie tätig im Institut für Partizipation und Bildung e.V. in Kiel. Hier bearbeiten Wissenschaftler:innen und Fortbildner:innen Themen Demokratischer Partizipation in den Feldern der Kinder- und Jugendhilfe (siehe www.partizipation-und-bildung.de).

Partizipation in Kindertageseinrichtungen

Was macht Partizipation mit der Macht der Erwachsenen?

Wie partizipationsfähig sind Kinder? Wie kann eine lebendige Partizipationskultur entwickelt und im Alltag gelebt werden? Das Handbuch begründet und zeigt in Theorie und Praxis, wie Partizipation in Kindertageseinrichtungen von Anfang an gelingen kann. Alle profitieren davon: Die Fachkräfte setzen die in allen Bildungsplänen geforderte Partizipation um und die Kinder bilden sich in der demokratischen Gemeinschaft der Kindertageseinrichtung zu den Themen, die sie betreffen. Partizipation ist dann nicht mehr eine zusätzliche Aufgabe, sondern die konkrete Umsetzung der sozialpädagogischen Bildungsorientierung. Mit vielen Praxisbeispielen wird belegt, wie einfach und doch sehr wirksam Kita-Teams das dem Buch zugrunde liegende Konzept »Die Kinderstube der Demokratie« umsetzen können.

Aus dem Inhalt:

- Grundlagen und Alltagsfragen
- Partizipation als Schlüssel zu Bildung, Demokratie und gesellschaftlichem Engagement
- Demokratische Pädagogik – Partizipationskultur im Alltag entwickeln
- Didaktisch-methodische Anregungen: Dialoge mit Kindern führen
- Meinungsbildung mit Hilfe projektorientierter Beteiligungsformen
- Gemeinsame Entscheidungen treffen ...